INVENTAIRE SOMMAIRE

D'UNE

COLLECTION DU PRÉSIDENT DE HARLAY

SUR

DIVERSES MATIÈRES ECCLÉSIASTIQUES, POLITIQUES, ETC.

(Mss. français 15499-15533 de la Bibliothèque nationale.)

INVENTAIRE SOMMAIRE

D'UNE

COLLECTION

DU PRÉSIDENT DE HARLAY

SUR

DIVERSES MATIÈRES ECCLÉSIASTIQUES, POLITIQUES, ETC.

(Mss. français 15499-15533 de la Bibliothèque nationale.)

PAR

L. AUVRAY

PARIS

LIBRAIRIE ÉMILE BOUILLON, ÉDITEUR

67, RUE DE RICHELIEU, AU PREMIER

—

1895

INVENTAIRE SOMMAIRE

D'UNE

COLLECTION DU PRÉSIDENT DE HARLAY

SUR DIVERSES MATIÈRES ECCLÉSIASTIQUES, POLITIQUES, ETC.

(Mss. français 15499-15533 de la Bibliothèque nationale.)

———

Les trente-cinq volumes dont nous donnons ci-après l'inventaire sommaire formaient un tout dans la collection du président de Harlay, où ils occupaient les numéros 506 à 540; leur ordre n'a été depuis changé ni à Saint-Germain des Prés, ni à la Bibliothèque nationale. Les pièces, en quantité extrêmement considérable, qui composent ce recueil, ont trait pour la plupart à l'histoire ecclésiastique; un grand nombre toutefois intéressent l'histoire politique, financière, littéraire, judiciaire, diplomatique. Nous signalerons : un volume (ms. 15502) composé uniquement d'œuvres de Jean Juvenel des Ursins; un État du revenu du royaume en 1344, dans le ms. 15515; un dossier relatif au Procès de Charles d'Artois, et un autre relatif au Procès de Gilles de Bretagne, dans le même volume; un mémoire original de Thomas Basin, évêque de Lisieux[1], à Louis XI, dans le ms. 15530. Au reste, les copies sont, dans cette collection, infiniment plus nombreuses que les originaux.

Aucun ordre n'a présidé au rangement de ces documents : originaux et copies, pièces en parchemin et en papier, manuscrites et imprimées, de grand ou de petit format, tout cela a été livré

———

1. Voy. sur les manuscrits originaux de Thomas Basin, un article critique de M. L. Delisle inséré dans le *Journal des Savants*, février 1893, pp. 93 à 111 (tirage à part de 18 pages).

pêle-mêle au relieur, par le président de Harlay, en liasses d'iné-
gale épaisseur.

Le catalogue manuscrit actuellement en usage consacre deux
lignes seulement à cette collection ; en revanche, on en trouvera
un inventaire aussi détaillé qu'on peut le souhaiter, en partie de
la main de Harlay, dans le ms. français 17016, feuillets 65 à 249.

L. AUVRAY.

---

*Recueil de pièces manuscrites et imprimées relatives principalement à
l'histoire religieuse, politique, administrative, diplomatique et littéraire
des XVIe et XVIIe siècles : extraits de Registres du Parlement, du
Conseil d'État, de la Chambre des Comptes, du Trésor des Chartes, etc. ;
extraits de Cartulaires ; Édits royaux ; Procès ; Factums ; Régale,
Jésuites, Protestants, etc., etc. — Copies, peu d'originaux.*

I (15499). — Provision de l'office de chancelier de France en faveur de
Michel Le Tellier (fol. 1) ; — Traité de renouvellement d'alliance avec
les Suisses, 1663 (fol. 5) ; — Sur le mariage de Gaston d'Orléans avec
Marguerite de Lorraine (fol. 29) et en général sur la nullité des
mariages des princes du sang contractés contre la volonté du roi etc.
(fol. 90) ; — Sur la cause « de M. de Rodes contre M. de Seneterre »
(fol. 222) ; — Sur l'affaire de Nicolas Pavillon, évêque d'Alet, 1677
(fol. 289) ; — Notes sur un cartulaire [des comtes] de Champagne
(fol. 325) ; — Extraits d' « un ancien [Sacramentaire] manuscrit de
M. l'archevêque de Rheims » (fol. 331) ; — Notice et extraits du Mis-
sel ou Sacramentaire de l'Église de Troyes [auj. B. N., lat. 818]
(fol. 349) ; — Testament de Marie de Médicis (fol. 373) ; — « Extracta e
Registris capituli insignis ecclesiae Parisiensis », 1429-1628 (fol. 397) ;
— Arrêts du Conseil d'État et extraits des Registres (fol. 463) ; —
Réforme des moines Augustins, 1661 (fol. 493) ; — Plaidoyer *impr.*
d'Olivier Patru (fol. 519) ; — « Réflexions... sur le mémoire... que les
cinq abbayes de Chezal-Benoist etc., sont électives triennales », *impr.*
(fol. 582) ; — Pièces *impr.* et mss. sur l'Hôpital des Incurables et
l'Hôtel-Dieu de Paris (fol. 618) ; — Poésie latine de « M. Vielle » sur
la Ligue (fol. 624) ; — Copies d'actes de Louis XII (fol. 630) et de
François 1er (fol. 634). — XVIIe siècle. — 642 feuillets.

II (15500). — Mémoires concernant la politique et les finances : « de l'origine des États généraux et des Parlements de France » (fol. 3); — « D'où et comment est provenu le domaine [royal], depuis la seconde lignée des Roys de France », avec l'énumération des différentes parties de ce domaine (fol. 14); — Tableau du revenu du royaume de France depuis Charles VIII jusqu'en 1581 (fol. 55); — « Traicté de tous les estatz d'Espaigne, du revenu et despence d'iceulx » (fol. 109); — « Catalogue de tous les seigneurs qualifiez d'Espaigne, leurs races, maisons, estatz et rentes... » (fol. 122); — « De l'Estat de Florence, revenu et commodité » (fol. 131 v°); — « De l'Estat du Grand Turcq, son revenu et moyens » (fol. 134). — XVI° siècle. — 140 feuillets.

III (15501). — Analyse d'un Registre de saint Louis de 1192 à 1266 [Archives nationales JJ. 31]. — Fin XVI° ou commencement XVII° siècle. — 67 feuillets.

IV (15502). — Œuvres diverses de Jean Juvenel des Ursins. « Copié sur l'ancien manuscrit estant en la bibliothèque de M. de Thou, 1678. » [Copie partielle du manuscrit actuellement coté B. N., fr. 2701.] — XVII° siècle. — 492 feuillets.

V (15503). — Sur les écrits de François III de Harlay, archevêque de Rouen, 1629 (fol. 1); — Différend entre Henry de Sourdis, archevêque de Bordeaux, et Jean-Louis de La Valette, duc d'Épernon (fol. 11); — Sur Charles de Montchal, archevêque de Toulouse (fol. 151); — Censure du *Traité des Droits et des Libertés de l'Église gallicane* [de Pierre Dupuy], 1639 (fol. 202) et du livre intitulé *Apologie pour les Casuistes*, 1657 (fol. 279); — Protestation *impr.* de Ch.-Maurice Le Tellier, archevêque de Reims, contre l'érection de l'église de Cambrai en métropole (fol. 304); — Lettre *orig.* de Gui de Rochechouart, évêque d'Arras, 26 mai 1678 (fol. 338); — Mémoires *impr.* sur l'ordre de Prémontré (fol. 349); — Sur l'église Saint-Jacques de l'Hôpital, à Paris (fol. 376); — Copie de chartes relatives à l'église d'Auxerre (fol. 394); — Sur l'affaire des religieuses de sainte Claire Urbanistes (fol. 416); — Extraits des Mémoriaux de la Chambre des Comptes, relatifs principalement aux obsèques de différents personnages, 1539-1647 (fol. 456); — « Michaeli Tellerio, Franciae cancellario, carmen », par Santeul, *impr.* (fol. 573); — « Harangue et advis de Mr l'Evesque de Valence... sur les remonstrances faites par MM. du Parlement de Paris » (fol. 577); — Extraits des Registres du Conseil

d'État (fol. 587), et extraits *impr.* des Registres du Conseil privé
(fol. 589) ; — Lettres patentes *orig.* de Louis XIII, 18 août 1617
(fol. 609) ; — Mémoire relatif au s^r Morlon, receveur du domaine de
Paris (fol. 610) ; — « La cause qui a faict rompre les ordonnances faictes
en France depuys quatre cents ans, sur les pris de l'or et de l'argent
et des monnoyes, avec le moyen d'éviter la susdicte cause, au grand
honneur et proffict du Roy et commodité de ses subjectz », par Jacques
Colas, fin xvie siècle (fol. 616) ; — Factum *impr.* « pour la dame mar-
quise de La Trousse » (fol. 673) ; — Pièces relatives à plusieurs procès
criminels, xvie et xviie siècles (fol. 703) ; — Première assemblée des
directeurs de l'Hôpital général, 11 sept. 1656 (fol. 714). — xvie et xvii^e
siècles. — 716 feuillets.

VI (15504). — Extraits du cartulaire de Faremoutiers (fol. 1) ; — « Copia
adhesionis appellationis pro Universitate Parisiensi ad papam inter-
jecte », 1428 (fol. 5) ; — Extraits de Registres du Châtelet, 1440, etc.
(fol. 9) ; — Extrait du cartulaire de Saint-Maur des Fossés (fol. 31) ; —
Copie d'un acte de Robert II, 1022 (fol. 33) ; — Copie d'un acte de Thi-
baud [III, comte de Champagne et de Blois], 1083 (fol. 35) ; — Extraits
du cartulaire de l'abbaye de Barbeaux (fol. 37) ; — Copie d'un acte
de l'empereur Othon [II], 982 (fol. 41) ; — « Ex veteri codice actorum
capituli Senonensis », 1411 (fol. 43) ; — Catalogue des manuscrits
de l'église Saint-Pierre de Beauvais, en 1664 [cf. suppl. grec 1075,
fol. 98] (fol. 45) ; — Extraits d'un cartulaire de Saint-Martin des Champs
(fol. 49) ; — Notes sur une ancienne « collection manuscrite des canons »
(fol. 79) ; — Copies et facsimilés de chartes mérovingiennes et
carolingiennes, d'après le *De re diplomatica* de Mabillon (fol. 85) ; —
Extraits du cartulaire de la Sainte-Chapelle de Paris (fol. 154) ; —
Extraits du cartulaire de Morigny, au diocèse de Sens (fol. 158) ; —
Extraits d'un ancien sacramentaire de l'église de Noyon (fol. 163) ; —
Affaires religieuses diverses de l'année 1679, etc. (fol. 180) ; — Pièces
impr. relatives à la censure du livre intitulé *Apologie pour les Casuistes*
(fol. 200) ; — Sur les casuistes (fol. 234) ; — Sur les Jésuites de Pamiers
(fol. 246) ; — Censure de divers livres (fol. 278) ; — Correspondance
entre le cardinal Rospigliosi et Hugues de Lionne, 1668 et 1669, copie
(fol. 340) ; — Sur l'affaire des religieuses Urbanistes (fol. 425) ; —
Extraits du « livre verd vieil, second des Registres du Chastelet »
(fol. 441) ; — « Extraict de la Transaction passée entre le Roy de Navarre
et le chapitre de Pamiez », 1548 (fol. 457) ; — Sur la voirie de Paris

(fol. 461); — Traités de Nimègue, 1678 et 1679, pièces *impr.* (fol. 466); — Factum pour le prince d'Espinoy contre le prince de Ligne, *impr.* (fol. 537); — Extraits de plusieurs Registres du Châtelet (fol. 554); — Extraits de Registres du Parlement (fol. 586); — Mémoire sur la défense des duels (fol. 642); — Copie d'une lettre de Colbert, 28 sept. 1678 (fol. 663); — « Factum... pour faire voir que la lecture... du Droict civil ne doit point estre establie en la ville de Paris », *impr.* (fol. 664); — Lettre *impr.* de Pierre Rainssant à Ch.-M. Le Tellier (fol. 667); — Poème *impr.* de Santeul à la louange de Ch.-M. Le Tellier (fol. 671). — XVIIᵉ siècle. — 672 feuillets.

VII (15505). — Copies de lettres de Regnault, évêque de Paris, 1260 (fol. 1), — de Martin V (fol. 3), — d'Innocent XI (fol. 5 et 99); — Condamnation par l'Inquisition de la méthode employée par les Jésuites pour instruire les Chinois, 1680 (fol. 9); — Extraits des statuts synodaux de l'évêché de Castres (fol. 11); — Différend entre l'archevêque de Reims Ch.-Maurice Le Tellier et l'évêque de Boulogne Claude de Breteuil, 1679-1680 (fol. 17); — Arrêt *impr.* sur les bénéfices des chanoines réguliers (fol. 39); — Visite du Collège de Cluny, 1649 (fol. 47); — Pièces tirées des Registres du Parlement concernant les Jésuites, 1560 (fol. 51); — « Appellatio Lutheri ad concilium, 1518 » (fol. 70); — Extraits de Registres du Parlement (fol. 76, 133, 359 et 377); — Mémoire *impr.* pour montrer que le roi a droit de nommer aux abbayes de Chezal-Benoist, etc. (fol. 107); — Sur la ville d' « Acqs », 1641 (fol. 164); — Copies d'actes de Louis de Bourbon, 1327 (fol. 166), et de Charles VII, 1458 (fol. 167); — Mémoire relatif aux droits de l'évêché d'Auxerre sur le comté dudit lieu, 1678 (fol. 169); — Sur les évêchés de Metz et de Verdun (fol. 199); — « De l'Alsace et des seigneuries qu'elle comprend » (fol. 206); — Liste d'ouvrages sur l'Alsace (fol. 210); — « Mémoire sur les usurpations de la maison d'Autriche sur les pais d'Alsace », etc. (fol. 211); — « Procès verbal de ce qui s'est faict en l'assemblée des dix villes convoquées à Haguenau... pour la reception et installation de Mᵍʳ le Duc de Mazarini en l'office de Grand Bailly de Haguenau », 1662 (fol. 213); — Pièces relatives à différents mariages royaux ou princiers du XVIIᵉ siècle (fol. 267); — Copies de documents émanés de princes allemands, laïques et ecclésiastiques, 1337 et 1350 (fol. 339); — Traité de Fontainebleau entre la France, la Suède et le Danemark, 1679, *impr.* (fol. 347); — Copies d'actes d'Alphonse, comte de Poitou, 1249 (fol. 368), — de Guillaume des

Roches, sénéchal d'Anjou, etc. (fol. 374) ; — Extraits de Registres du Parlement (fol. 447). — XVIe et XVIIe siècles. — 643 feuillets.

VIII (15506). — Lettre d'Innocent XI (fol. 1) ; — « Observations sur l'*Histoire du luthérianisme* du P. Maimbourg » (fol. 5) ; — Extraits des Registres capitulaires de l'église de Paris, 1654 (fol. 33) ; — Copies de pièces du XIIIe et du XIVe siècles relatives à différentes affaires ecclésiastiques (fol. 45) ; — Copie d'une lettre à Baluze sur un manuscrit chaldéen reçu du Levant par Colbert (fol. 89) ; — Sur la « Conférence de Cartage » (fol. 103) ; — Fragment *orig.* d'Ismaël Boulliaud sur l'échéance du jour de Pâques (fol. 107) ; — « Observations sur un Traité de l'Usure fait par M. Poncet » (fol. 109) ; — Oraison funèbre de M. de Candale par M. l'abbé Roquette, depuis évêque d'Autun » (fol. 125) ; — « Éclaircissement par M. Bernier sur le livre de Monsr de La Ville » pour la défense d'opinions de Descartes (fol. 151) ; — Mémoire pour la liberté de la faculté de théologie de Paris (fol. 159) ; — Extraits *impr.* des Registres capitulaires de l'église de Paris (fol. 165) ; — Sur la Visitation d'Angers (fol. 187) ; — Mémoires de procédure *impr.* relatifs à la Sainte-Chapelle (fol. 195) ; — Recueil de pièces mss. et *impr.*, bulles pontificales, lettres royales, etc., relatives à la Régale, 1198-1681 (fol. 243) ; — Établissement d'une Chambre royale à Metz, et extraits des Registres de cette Chambre royale, *impr.* (fol. 389) ; — Lettre *orig.* de D. Godefroy, 1680 (fol. 445) ; — Pièces relatives à la principauté de Charleville (fol. 451) ; — Entrée de la reine de Suède Ulrique-Éléonore à Stockholm, 1680 (fol. 508) ; — Pièces *impr.* relatives à l'Hôpital général de Paris (fol. 571) ; — Ordonnances *impr.* du magistrat d'Amsterdam portant interdiction des carosses dans ladite ville, en hollandais (fol. 591). — XVIIe siècle. — 595 feuillets.

IX (15507). — Recueil de pièces *impr.* relatives à la Sainte-Chapelle (fol. 1) ; — Pièces relatives à l'Alsace, au Palatinat, au Pays de Montbéliard (fol. 170) ; — Pièces relatives aux fortifications de Paris (fol. 238) ; — « Extraits du cartulaire du duché de Mazariny, cy devant Rethellois » (fol. 294) ; — Mémoire pour l'évêque d'Auxerre concernant ses droits sur le Donziois (fol. 310) ; — « Mémoires de la vie de Frédéric-Maurice de La Tour d'Auvergne... » (fol. 332) ; — Procès de MM. Coëtlogon et de La Coste contre le Parlement de Bretagne (fol. 459) ; — Arrêts et Déclarations royales, notamment sur les vagabonds, bohémiens, etc. (fol. 572) ; — Lettre pastorale *impr.* de Michel Amelot de Gournay,

archevêque de Tours (fol. 578); — Règlement *impr.* sur le fait de l'or-
févrerie, etc., 1679 (fol. 586); — Pièce *impr.* relative à « la navigation
sur le canal de Languedoc » (fol. 600). — XVII° siècle. — 613 feuillets.

X (15508). — Pièces relatives aux Templiers (fol. 3); — Censure de
François Malagola et de Santarelli, pièces *impr.* (fol. 60); — Factums
sur différentes matières ecclésiastiques (fol. 96); — Extraits des Layettes
du Trésor des Chartes (fol. 340). — XVII° siècle. — 639 feuillets.

XI (15509). — Différend entre l'archevêque de Cambray [Théodore
de Brias] et l'évêque d'Arras [Gui de Rochechouart], 1683, pièces
impr. (fol. 1); — Factums et pièces de procédures sur différentes
matières ecclésiastiques (fol. 100); — Extraits des Layettes du
Trésor des Chartes (fol. 179); — Édits royaux *impr.* (fol. 340); —
« Lettera in riposta ad un amico contra il... conte Giovanni Luiggi
Mario da Fiesco...», *impr.* (fol. 486); — Traité de La Haye entre la France
et les Pays-Bas, 1684, *impr.* (fol. 504); — « La Pompe du convoy de
la Reyne [Marie-Thérèse] en l'Eglise de Saint-Denys », *impr.* (fol. 544);
— Oraison funèbre de Marie-Thérèse, par Nicolas Tavernier, *impr.*
(fol. 552); — Autre, par Fléchier, *impr.* (fol. 579); — Éloge funèbre du
Grand Condé, par Bourdaloue, *impr.* (fol. 604). — XVII° siècle. —
638 feuillets.

XII (15510). — Pièces *impr.* relatives au différend entre Claude de
Saint-Georges, archevêque de Lyon, et Jacques-Nicolas Colbert, archevêque de Rouen, au sujet de la primatie de Lyon (fol. 3); — Factums
et pièces *impr.* relatives aux évêchés de Saint-Omer, Tournay et Ypres
(fol. 388), Chartres (fol. 419) et Sisteron (fol. 456); — Différend entre la
Sorbonne et les Jésuites au sujet des affaires de Chine (fol. 483); —
Pièces relatives à la condamnation des *Maximes des Saints* de Fénelon
(fol. 589); — « Lettre d'un jurisconsulte à un provincial de ses amis,
sur l'Usure », *impr.* (fol. 742), et prohibition de ce livre par l'archevêque
de Tours (fol. 802); — Pièces relatives à l'Investiture du duché de
Milan (fol. 836); — Traité de Lille entre la France et l'Espagne, 1699,
impr. (fol. 913); — Tarif entre la France et la Hollande, 1699, *impr.*
(fol. 925). — XVII° siècle. — 952 feuillets.

XIII (15511). — Lettre d'Innocent XI à Bossuet sur l'éducation du
Dauphin, copie (fol. 1); — Mémoires relatifs à la validité du mariage

de Gaston d'Orléans avec Marguerite de Lorraine (fol. 69) ; — Pièces
relatives à la Régale (fol. 412) ; — Traités de paix *impr.*, 1679 (fol. 458) ;
— Censive de l'archevêché de Paris (fol. 527) ; — Factum pour Philippe
Aubery, seigneur de Montbar, contre Jacques Buisson, adjudicataire
des domaines de France, *impr.* (fol. 559) ; — Extraits des Registres du
Parlement (fol. 651) ; — Déclaration du roi pour la navigation du canal
de Briare (fol. 698) ; — Oraison funèbre du président de Lamoignon,
par Fléchier, *impr.* (fol. 714) ; — Autres discours *impr.* sur le même
(fol. 738). — XVIIᵉ siècle. — 776 feuillets.

XIV (15512). — « Historia theologiae » (fol. 3) ; — « De Liturgia galli-
cana », *impr.* (fol. 19) ; — Copies de pièces relatives aux rapports de la
France avec le Saint-Siège au xvᵉ siècle (fol. 25) ; — « Apologie du
saint Concile de Trente sur les mariages... » (fol. 43) ; — « Trois
traittez pour les affaires du clergé de France... », *impr.* (fol. 248) ; —
Controverses théologiques (fol. 280) ; — Sur l'Eucharistie (fol. 298) ; —
« Actes de l'Assemblée générale du clergé de France de MDCLXXXII
concernant la religion... », *impr.* (fol. 320) ; — Pièces relatives aux
protestants (fol. 367) ; — Pièces *impr.* et mss. relatives à l'Université
de Paris (fol. 395), entre autres Statuts et Testament de Robert de
Sorbon (fol. 467) ; — Sur les Dominicains (fol. 507) ; — Panégyriques et
oraisons funèbres *impr.* (fol. 515), entre autres l'Oraison funèbre d'Anne
de Gonzague, par Bossuet (fol. 574), et l'Oraison funèbre de Michel Le
Tellier, par Fléchier, avec hommage (fol. 627) ; — « Inscription sur le
P. Paul, servite » (fol. 675) ; — Dialogue entre Louis XI et Louis XII
aux Champs-Élysées (fol. 677) ; — Pièces relatives à différents offices
du Châtelet et du Parlement (fol. 695) ; — Pièces du procès entre
« Bruant des Carrières » et « Madame et Messieurs Colbert » (fol. 809).
— XVIIᵉ siècle. — 852 feuillets.

XV (15513). — Arrêt *impr.* contre le libelle intitulé : *Optati Galli* [Charles
Hersent], *De cavendo schismate* (fol. 1) ; — Dossier relatif à la condamnation
des *Maximes des Saints* de Fénelon (fol. 7) ; — Lettres pastorales de J.-N.
Colbert, archevêque de Rouen, *impr.* (fol. 145), — et de L.-A. de Noailles,
archevêque de Paris, *impr.* (fol. 185) ; — Mémoire *impr.* contre l'*Histoire
ecclésiastique* de Le Nain de Tillemont (fol. 229) ; — Pièces relatives
aux prêtres de l'Oratoire (fol. 245), — aux Cordeliers (fol. 269), — aux
Jacobins (fol. 271) ; — Sur le Barrois (fol. 275), — sur les comtés de Neu-
chatel et de Valengin, en Suisse (fol. 296) ; — Dossier relatif à la maison

de Bouillon (fol. 367); — Pièces relatives à différentes cérémonies (fol. 449); — Pièces sur les Jésuites (fol. 494); — Pièces relatives au commerce et aux commerçants (fol. 514); — Prix du pain (fol. 518); — Sur la maison de correction de Saint-Germain-des-Prés (fol. 556). — XVII° siècle. — 558 feuillets.

XVI (15514). — Extraits des Registres *Qui es* et *In cœlis* (fol. 1); — « Reflexion sur... la réformation des monastères » (fol. 17); — « Si le roy a le pouvoir de changer le temps de la profession » (fol. 62); — Pièces relatives à la Régale, XIII°-XVII° siècles (fol. 138); — « Extrait d'un livre escrit de la main de Monsr le Chancelier de L'Hospital, concernant plusieurs traictés de paix, appanages » etc. (fol. 235); — Indults de papes du XVI° siècle aux rois de France, et pièces relatives à la nomination aux bénéfices (fol. 237), — notamment sur la provision de l'évêché de Metz (fol. 266), — et sur les bénéfices de Lorraine (fol. 279); — Entre autres : Lettres *orig.* de Henry IV (fol. 299) et de Louis XIV (fol. 302); — Manuscrit de la main de Claude Bellièvre, comprenant notamment : « Taxe Beneficiorum consistorialium Francie » (fol. 372); — Extraits de Registres de la Chambre des Comptes (fol. 415); — Sur les régences, et notamment : « Histoire particulière de touttes les régences qui ont esté en France depuis Philipes-Auguste jusques à Louys 13, 1610 », par Pierre Dupuy (fol. 430); — Extraits du Registre *Pater* (fol. 495); — « Mémoire sur la question de savoir s'il faut nommer la reyne Marie-Thérèse d'Espagne ou Marie-Thérèse d'Autriche, par Monsieur de Salo » (fol. 503); — « La forme que le roy tient pour escrire aux pays estrangers » (fol. 531); — Pièces *impr.* et mss. relatives à diverses cérémonies, mariages, fiançailles, baptêmes de rois et reines, circoncision du sultan, cavalcades pontificales à Rome, entrées solennelles dans différentes villes, processions, châsse de sainte Geneviève, etc., XIV°-XVII° siècles (fol. 545). — XVI° et XVII° siècles. — 801 feuillets.

XVII (15515). — « Estat du revenu du royaume en 1344 », *orig.*, parch. (fol. 1); — Arrêt du Parlement relatif à la Trinité de Vendôme, du 23 juillet 1463, parch. (fol. 4); — Extraits de Registres de la Chambre des Comptes (fol. 15); — Mélanges d'histoire ecclésiastique et controverses (fol. 50); — Extraits du testament de Louis XIII (fol. 172); — « Inventaire des bagues et joyaux que le roy a commandé estre mises es mains de madame la princesse d'Espagne, sa seur, [en 1615], pour

tenir lieu de celles que Sa Majesté et la royne sa mère ont promis...
être délivrées et données à la sérénissime infante d'Espagne donna
Anna... » (fol. 178) ; — Sur différents mariages princiers (fol. 180) ; —
Extraits de Registres du Parlement, 1568-1583 (fol. 192) ; — « Scriptum
sapientissimi magistri Joannis Filesac, theologi Parisiensis, ad libel-
lum Consalvi Ponce de Leon, Hispani, Pro disciplina ecclesiastica, res-
ponsio » (fol. 205) ; — Pièces du procès de Charles d'Artois, comte de
Pézenas, XIV° siècle (fol. 281) ; — Pièces du procès de Gilles de Bretagne, fils du duc Jean VI le Bon, XV° siècle (fol. 352) ; — Extraits du
procès de Jacques de Beaune, baron de Semblançay (fol. 465). —
XIV°-XVII° siècles. — 621 feuillets.

XVIII (15516). — Pièces relatives aux offices et officiers du Parlement,
du Châtelet, de la Chambre des Comptes, des Eaux et Forêts, de la
Police : huissiers, sergents, clercs, procureurs, etc. — En outre :
Extraits des Registres du Conseil d'Artois (fol. 124) ; — « Mémoire concernant le débit du poisson d'eau douce » [à Paris] (fol. 511), — et plan
de la halle aux poissons d'eau douce (fol. 524). — XVII° siècle. — 529
feuillets.

XIX (15517). — Ordonnance de Louis XIV (fol. 1) ; — Arrêts du Conseil
d'Etat, Déclarations du Roi, Ordonnances du Roi, Édits du roi,
impr. 1687-1692 (fol. 9) ; — Arrêts du Parlement, *impr.* et mss. (fol. 151) ;
— Testament de Mademoiselle de Guise et pièces du procès qu'il a sus-
cité, *impr.* et mss. (fol. 179) ; — Factums et Mémoires divers, *impr.* et
mss. (fol. 275). — XVII° siècle. — 424 feuillets.

XX (15518). — Mélanges d'histoire ecclésiastique, financière et politique, XVI° et XVII° siècles, parmi lesquelles on remarque : une série de
pièces relatives aux évêchés de Metz, Toul et Verdun (fol. 39) ; — une
autre sur les bénéfices du cardinal de Guise (fol. 67) ; — Recettes,
dépenses, etc., de maîtres « Philippes et François de Castille », rece-
veurs généraux du clergé, 1596-1605 (fol. 141) ; — Sur divers évêchés
de Béarn (fol. 165) ; — « Estat du revenu du royaulme de Navarre »
(fol. 173) ; — « De la necessité du restablissement des Universités pour
restablir l'Estat » (fol. 224) ; — Abbayes de Cluny (fol. 242) et de Lure
(fol. 250) ; — Sur les religieux Célestins (fol. 269) ; — Sur la « Trinità
de' Monti », à Rome (fol. 275) ; — État des biens laissés par Catherine
de Médicis (fol. 310) ; — « Estat de la maison de Madame » Marie-Élisabeth

de France, « fille du Roy Charles IX », 1573 (fol. 318) ;— Sur la « Chambre des Comptes de la Reyne establie à Nesle en janvier 1559 », lettres de François II, etc. (fol. 322); — Sur le comté de Charollais (fol. 328); — Sur la seigneurie de Commercy (fol. 361); — Sur la maison de Bouillon (fol. 363); — Sur Orange et le péage d'Orange (fol. 397); — Lettres patentes *orig.* de Henry IV, 1597 (fol. 427);— « Instruction pour monsʳ de Marquette, s'en allant de la part de monseigneur le prince d'Orange en la cour de France », mai 1618 (fol. 450); — « Instructions générales au sʳ consʳ de Montmirail, accompagnant monsʳ le prince de Portugal à la cour... » (fol. 456); — Copie d'un acte de Henry IV, de 1608 (fol. 484). — xviᵉ et xviiᵉ siècles. — 499 feuillets.

XXI (15519). — Pièces diverses, parmi lesquelles on remarque des actes de François Iᵉʳ, Charles IX, Henry IV et Louis XIII : sur la Chancellerie et l'office de Chancelier (fol. 1), — les secrétaires du roi (fol. 96), — les Prévôts de l'Hôtel (fol. 189), — le Conseil d'État (fol. 209), — le Conseil des finances et l'administration des finances (fol. 252), — le Grand Conseil (fol. 290). — En outre : « La taxe des lettres qui se scellent en toutes les chancelleries de France et le département de l'émolument qui en provient » (fol. 87); — « Le Pouvoir de monseigneur César, duc de Vendosme, pour le gouvernement de Bretaigne », 1598 (fol. 145); — « Estat des taxes des voyages », 1601 (fol. 343); — « Articles du Coustumier de Navarre lesquels semblent debvoir estre refformez » (fol. 354); — Pièces relatives au règlement des hypothèques, 1605 (fol. 389), — aux blasphémateurs (fol. 396), — aux banqueroutiers (fol. 404) etc. — xviᵉ et xviiᵉ siècles. — 416 feuillets.

XXII (15520). — Affaires ecclésiastiques diverses (fol. 1); — Série de pièces, parmi lesquelles on remarque une lettre *orig.* de Mabillon (fol. 28), — et deux lettres *orig.* de Pirot (fol. 32); — Pièces relatives aux apanages, aux princes du sang, aux ducs et pairs (fol. 83); — Érections de plusieurs duchés (fol. 115); — Extraits des Registres du Conseil, prestations de serments, 1473-1662 (fol. 202); — Amirauté (fol. 280); — Copies d'actes de François Iᵉʳ (fol. 309), — Charles IX (fol. 311), — Henry IV (fol. 315), — Louis XIII (fol. 323) — et Louis XIV (fol. 325); — Déclarations et édits du roi, *impr.* (fol. 329); — Copie d'un acte de Henry IV (fol. 423); — Pièces et mémoires sur le Parlement, ses attributions, son personnel, etc. (fol. 427); — Pièces sur la Police (fol. 677). — xviiᵉ siècle. — 719 feuillets.

XXIII (15521).— Mélanges *impr*. et mss., parmi lesquels on remarque une série de pièces relatives à la maison de La Tour d'Auvergne (fol. 235),— et une autre sur le Châtelet (fol. 304).— En outre : « Relation du combat de Steinkerque » (fol. 603), — et relation de la « Bataille de Nerwinde » (fol. 608), avec plan (fol. 607); — Aliénations d'octrois pour les Pauvres de Paris (fol. 618); — Notice *impr*., par Baluze, d'un ms. appartenant à Harlay, sur le schisme (fol. 686); — Oraison funèbre de Turenne, par le P. Gaillard, *impr*. (fol. 690); — « Expeditio Sabaudica..., duce Catinato », poème *impr*., de Lenglet (fol. 722);— Mandement *impr*. de Ch. Rollin, recteur de l'Université, 1695 (fol. 727). — xvii° siècle. — 727 feuillets.

XXIV (15522). — Lettre *orig.* de Charles IX, 1569 (fol. 1); — Pièces mss. et *impr*. relatives à divers événements des années 1688 et 1689, à la maison d'Orange, etc. (fol.10);— Copies d'actes de Henry IV (fol.146), — de Louis XIII (fol. 150), — de Louis XIV (fol. 158), — de François Ier (fol. 160); — Lettres adressées à Henry III (fol. 183); — Charte de Robert, duc de Bar, 12 oct. 1406 (fol. 187); — Pièces diverses relatives au duché de Bar (fol. 188); — « Inventaire faict après le décès de feu monsieur de Montholon, de lettres et despesches du roy et du royaulme estans es mains dudit deffunt » (fol. 232); — Pièces diverses relatives au Parlement, xvi° s. (fol. 298); — Acte de Charles IX (fol. 391); — Pièces relatives à la Chambre des Comptes (fol. 395); — Ban et Arrière-ban de 1523, etc. (fol. 398); — Extraits de Registres du Parlement, etc. (fol. 435); — « Ex Chartulario ecclesiae S. Genovefae Parisiensis » (fol. 529) ; — Lettre de Du Puich-Quesnoy, lieutenant général d'Hesdin (fol. 533); — Copie d'une lettre de Henry II (fol. 543); — Pièces relatives à l'Université de Paris, visites de Collèges, court rapport *orig.* de Du Boulay (fol. 571). — xv°-xvii° siècles. — 602 feuillets.

XXV (15523). — Brefs *orig.* de Léon X, Clément VII et Paul III (fol. 1); — Lettres et actes *orig.* de Charles IX (fol. 23), — de Louis, duc d'Orléans et Pierre, duc de Bourbon, 1491 (fol. 24), — d'Anne de Bretagne, reine de France, Louis, duc d'Orléans, Pierre et Anne, duc et duchesse de Bourbon, 1492 (fol. 25), — d'Antoine Colonna, 1517 (fol. 26), — de « Franciscus Sieckingen » (fol. 27), — de Gui, comte de Laval, 1517 (fol. 28), — de Louis XIV (fol. 29), — du cardinal de Richelieu (fol. 31), — du cardinal Mazarin (fol. 32), — de Séguier (fol. 34), — de Chavigni (fol. 35), — de De Noyers (fol. 39); — Traités entre la France et l'Angle-

terre, 1606 (fol. 62), — entre la France et la Savoie, 1696, *impr.* (fol. 80);
— Traités de Ryswick, *impr.* (fol. 106); — Pièces relatives à la « Réception des Ducs » (fol. 172); — Requête *orig.* de « Loys de Bourbon », duc de Montpensier, à Henry III, apostillée de la main de ce dernier, et pièces relatives audit duc de Montpensier (fol. 182); — Copies d'actes de Charles IX (fol. 207), — de Louis XIV (fol. 215), — de Philippe IV, roi d'Espagne (fol. 250), — de l'empereur Charles-Quint (fol. 264). — de Henry IV (fol. 270, 276 et 280), — de Louis XIV (fol. 289), — Contre l'établissement d'un évêché à Nancy (fol. 327); — Sur le Barrois et la Lorraine (fol. 329). — xv°-xvii° siècle. — 411 feuillets.

XXVI (15524).— Copies de pièces relatives à l'Angleterre, 1212-1623 : Traités de paix, etc. (fol. 1) ; — Descriptions de diverses cérémonies, funérailles, mariages, etc., de la seconde moitié du xvii° siècle, extraites, au moins en partie, d'un « Registre de M. Saintot » (fol. 154) ; — Ordonnance *impr.* contenant déclaration de guerre contre l'Espagne, 15 avril 1689 (fol. 321) ; — « Seconde relation du Combat de Fleurus », *impr.* (fol. 323) ; — « Journal du siège de Mons », *impr.* (fol. 329) ; — « Suite du Journal du Siège de Mons », *impr.* (fol. 335) ; — « Relation de la victoire... de Staffarde », *impr.* (fol. 341) ; — « Quitance donée par le conte Fiesque à la République de Gênes, 1685 » (fol. 347) ; — Séance du Parlement du 23 juin 1561 sur le fait de la Religion (fol. 349) ; — Pièces relatives aux duchés d'Épernon et de Montbazon (fol. 351) ; — Nombreuses pièces *impr.* et mss. sur les offices de Connétable et de Maréchal, leur juridiction, etc. (fol. 425) ; — « Registre du Parlement touchant les obsèques de M. de Turene, 1675 » (fol. 568) ; — Sur les fonctions de Maître et de Grand-Maître des Cérémonies, pièces *impr.* (fol. 570) ; — Service funèbre de Philippe Hurault (fol. 574) ; — « Séance de Monsieur le Chancelier au Grand Conseil, 6 mars 1687 » (fol. 578); — Autre du 7 avril 1690 (fol. 595) ; — Pièces relatives au Grand Conseil (fol. 601), — et à la Chambre des Comptes, 1413, copie (fol. 609). — xvii° siècle. — 616 feuillets.

XXVII (15525). — Factums, Procédures diverses de la fin du xvii° siècle. Édits royaux, arrêts du Conseil d'État. — En outre : « Harangue faite au Roy à Versailles, le 11 de juin 1700, par Monseigneur l'archevesque duc de Reims... », Ch.-Maurice Le Tellier, à l'ouverture de l'assemblée générale du clergé à Saint-Germain en Laye, *impr.* (fol. 182); — « Harangue faite au Roy d'Angleterre à Saint-Germain en Laye, le

15 juin 1700, par Monseigneur l'évêque de Montauban », Henri de Nesmond, *impr.* (fol. 190) ; — « Harangue faite à la Reine d'Angleterre à Saint-Germain en Laye, le 15 juin 1700, par Monseigneur l'évêque de Troyes », Denis-François Bouthillier de Chavigni, *impr.* (fol. 194) ; — « Compliment fait à Monseigneur l'évêque de Senlis... par Monsieur l'abbé de Pruines... », *impr.* (fol. 198) ; — « Harangue faite au Roy à Trianon, le 10 juillet 1701, par Monseigneur l'archevêque d'Alby », Charles Le Goux de La Berchère, « pour la clôture de l'assemblée générale extraordinaire du clergé de France... », *impr.* (fol. 200) ; — Oraison funèbre du chancelier Boucherat par le R. P. de La Roche, *impr.* (fol. 206). — XVIIᵉ et XVIIIᵉ siècles. — 676 feuillets.

XXVIII (15526). — Mandement et ordonnance de Hardouin de Péréfixe, archevêque de Paris (fol. 1) ; — Affaire des Jésuites de Pamiers (fol. 17) ;— Sur l'ordre de Saint-Jean de Jérusalem (fol. 39) ;— Pièces sur l'Aunis (fol. 63), — le Dauphiné (fol. 67), — Lyon (fol. 74), — l'Orléanais et le Blaisois (fol. 77), — la Normandie (fol. 87), — le Béarn (fol. 93) ; — « Traité pour le rétablissement du commerce entre les subjets du Roy et ceux du Roy catholique dans les Païs Bas espagnols », 25 octobre 1675, *impr.* (fol. 134) ; — Revenu des évêchés et archevêchés d'Espagne (fol. 149) ; — « Pragmatica de tratamientos y cortesias..., en Madrid..., 1611 », *impr.* (fol. 159) ; — Donation faite par André Paléologue à Charles VIII de l'empire de Constantinople (fol. 165); — Sur les droits des rois de France : à la couronne de Naples (fol. 169), — sur Nice et le Piémont (fol. 183), — sur le Milanais (fol. 216) ; — Droits de Catherine de Médicis sur le Portugal (fol. 218), — de Charles VIII sur les royaumes de Naples, Sicile et Aragon (fol. 224), — des rois de France sur San-Remo (fol. 244) ; — Traité de Louis X avec Eudes IV, duc de Bourgogne, 1316 (fol. 280) ; — « Le droit du Roy [de France] au royaume de Navarre contre les prétentions des Espagnols » (fol. 284) ; — Généalogie *impr.* des seigneurs et souverains de Béarn (fol. 306) ; — Sur l'union du Béarn et de la Basse-Navarre à la Couronne de France (fol. 352) ; — Droits des rois de France dans les Pays-Bas et en Flandre (fol. 359) ; — Copies d'actes de Louis XIV (fol. 395), — de François Iᵉʳ (fol. 399), — et de Henry IV (fol. 401) ; — Lettres *orig.* adressées au président et à la Chambre des Comptes de Lille par Coosmans, 1655 et 1656 (fol. 408), — Simon, 1663 (fol. 412), — Van Eycke, 1664 (fol. 414), — Marie d'Autriche, 1539, 1545, 1536, 1535 (fol. 416); — 3 Lettres *orig.* du président et de la Chambre des Comptes de Lille, 1544 (fol. 421) ; — « Tiltres de la ville et seigneurie d'Enghien avec la généalogie des seigneurs d'icelle, le tout recueilli par messire Auguste Galland... » (fol. 427) ; — Droits de la couronne en Flandre (fol. 627) ; — Acte de Charles VII, copie (fol. 642) ; — Etat du revenu du domaine de la Châtellenie de Lille (fol. 644), — et autres pièces sur la Flandre (fol. 650) ; — Pièces sur l'Artois (fol. 663) ; — Sur le comté et les comtes de Saint-Pol (fol. 671) ; — Sur un attentat commis dans les bois de La Ferté par les gens de Mouzon, et lesdits bois (fol. 703). — XVIe et XVIIe siècles. — 713 feuillets.

XXIX (15527). — Copies de pièces tirées du Trésor des Chartes, 1040-1470 (fol. 1) ; — Recueil de pièces *impr.* et manuscrites relatives à la Régale (fol. 219) ; — Cérémonies diverses des années 1679, 1680 et 1681, précédées d'une table (fol. 373) ; — Autres cérémonies des années 1684 et 1685 (fol. 522) ; — Autres copies de pièces tirées du Trésor des Chartes, 1375 (fol. 539), — et 1348 (fol. 563) ; — Copies de lettres patentes de Henry IV, 1598 et 1607 (fol. 559) ; — Extraits du « Registre de l'evesque de Pesaro », Paris de Grassis (fol. 565) ; — Pièces *impr.* et mss. relatives à l'avènement et au couronnement de Jacques II, roi d'Angleterre (fol. 587) ; — Lettre *orig.*, signée « Caumartin » et « Mango » (fol. 619) ; — Du « Cercle de Bourgongne, et que ce n'est qu'un vain nom... » (fol. 629) ; — Pièces *impr.* et mss. sur le commerce et principalement sur la Compagnie des Indes orientales (fol. 655) ; — Mont de Piété d'Angers, deux pièces *impr.* (fol. 677) ; — Sur l'établissement d'un Mont de Piété sur la paroisse de Saint-Sulpice (fol. 684) ; — Sur la Compagnie des marchands de la Loire (fol. 686) ; — « Esclaircissemens servans de reponses aux questions faittes touchant l'ordre et les usages du Parlement de Dijon » (fol. 692) ; — « Extrait d'un Registre des délibérations de la grande chambre du Parlement de Dijon » (fol. 724) ; — « Mémoire servant d'éclaircissement et reponses sur plusieurs questions faittes touchant le Parlement de Bezançon » (fol. 740) ; — Arrêt et édits *impr.* et mss. (fol. 754). — XVIIe siècle. — 769 feuillets.

XXX (15528). — Mémoires politiques : « Remarques notables sur nostre histoire; des fautes qui ont été faites dans le gouvernement », 9 mai 1669 (fol. 1) ; — « Discours d'Estat pour faire voir en quoy Sa Majesté est mal servie » (fol. 11) ; — Discours sur l'éducation et les devoirs des rois (fol. 31) ; — Sur l'état monarchique et l'état populaire (fol. 65) ; — Sur le gouvernement des affaires d'État par des étrangers (fol. 69) ; — « Discours pour faire veoir que les souverains n'ont que deux moyens pour establir leur authorité sur les peuples, sçavoir l'amour et la crainte... » (fol. 78) ; — De l'utilité qu'apporte la réputation aux princes (fol. 87) ; — Vingt-huit chapitres d'un long traité politique (incomplet), commençant par : « Pour juger des maximes que les Princes doivent garder... » (fol. 91).

Traité de rhétorique et de grammaire, intitulé : « De la manière de punctuer l'oraison », et commençant par : « Comme de tous les animaux, l'homme seul... » (fol. 109) ; — Pièces *impr.* relatives au procès d'Antoine Vitré, à l'impression des Pères Grecs, etc., avec le catalogue des manuscrits achetés par Vitré pour le roi (fol. 205) ; — Pièces *impr.* relatives à la Religion prétendue Réformée (fol. 231) ;— Ordonnance du roi Jean, oct. 1360, sur les attributions du Parlement, *impr.* (fol. 257) ; — Pièces relatives au Parlement, 1571-1603 (fol. 274) ; — Déclarations du Roi, *impr.* (fol. 352) ; — Édits royaux *impr.* (fol. 417) ;— Copie d'une lettre de Louis XI, octobre 1464 (fol. 516) ; — Contrat de vente du privilège, habitations et effets de la Compagnie du Sénégal et côte de Guinée, 1681, avec lettres patentes du roi portant confirmation de la nouvelle Compagnie du Sénégal et côte d'Afrique, 1683, *impr.* (fol. 524) ;— Pièces relatives à la Compagnie des Indes orientales et à la Compagnie du Sénégal et côtes d'Afrique (fol. 538) ; — Édit pour la création de la société de la Tontine royale, 1653 (fol. 556). — Fin xvi° et xvii° siècles. — 562 feuillets.

XXXI (15529). — Pièces sur les Jésuites (fol. 1), — sur les Frères Prêcheurs, *impr.* (fol. 34), — sur la Sorbonne (fol. 48) ; — Pièces sur Descartes (fol. 138) ; — Extrait des Registres du Conseil d'État relatif à l'acquisition, par la bibliothèque du roi, d'une partie de la bibliothèque de Mazarin (fol. 141) ; — « Epistola » R. Rapini, S. J., « ad... Cl. Pelleterium », *impr.* (fol. 145) ; — Extraits de Registres du Parlement (fol. 155) ; — « Procédures faites... contre Antoine, comte de Shaftsbury », 1681 (fol. 164) ; — Sur la « Prévention » en Anjou (fol. 266) ; — Factums divers *impr.*, affaire Bruant des Carrières (fol. 363) ; — Pièces relatives à la Compagnie des Indes orientales (fol. 423) ; — Factums *impr.*, affaire Marcara Avachins (fol. 447) ; — Pièces relatives au commerce : « Avis sur le fait des ardoises », *impr.* (fol. 551) ; — Notes sur « Les édits et règlements des libraires, imprimeurs, relieurs et doreurs » (fol. 557) ; — Note sur le commerce des harengs (fol. 565). — xvii° siècle. — 566 feuillets.

XXXII (15530). — Bulle *orig.* de Calixte III, 1455 (fol. 1) ; — Acte *orig.* de Jean Bernard, archevêque de Tours, 1456 (fol. 2) ; — *Traité sur les Contributions des Ecclésiastiques*, par Pierre Dupuy, en partie de sa main (fol. 3) ; — Extraits d'un cartulaire de l'église de Bayeux (fol. 98) ; — Pièces relatives au Concile de Trente (fol. 106) ; — Mémoires sur différentes matières ecclésiastiques (fol. 116) ; — Copie d'un acte de Hugues de Lusignan, comte de la Marche, et d'Isabelle, sa femme, 1242 (fol. 270) ; — « Acta electionis Claudii de Longovito a collegio canonicorum in episcopum Lingonensem », 13 oct. 1529 (fol. 274) ;— Mémoire de Thomas Basin, évêque de Lisieux, à Louis XI, au sujet de la Pragmatique Sanction, original avec annotations marginales de l'auteur ; imprimé d'après ce manuscrit dans : *Histoire des règnes de Charles VII et de Louis XI, par Thomas Basin...*, édit. Quicherat, t. IV (1859), p. 73 et suivantes (fol. 326) ; — Factums divers *imprimés* (fol. 333) ; — « Histoire prétendue de la fondation de Saint-Maximin » d'Aix, copie notariée du xve siècle, sur parchemin (fol. 565) ;— « Remontrance faite du commandement de Henri II..., en l'Assemblée de Cercamp », pour Antoine, roi de Navarre, 12 nov. 1558 (fol. 637) ; — « Relation de la réception des ambassadeurs des Suisses en 1602 » (fol. 657) ; — « Relation de la révolte des Croquans de Poictou », 1636-1637 (fol. 664) ; — Copie d'un acte de François Ier, avril 1515 (fol. 785) ; — Extraits de Registres du Parlement, Grands jours de Clermont (fol. 792) ; — Provision d'une charge de notaire par François, comte de Saint-Pol, gouverneur du Dauphiné, 1528 (fol. 815) ; — Testament de Philippe II, roi d'Espagne (fol. 925). — xve-xviie siècles. — 948 feuillets.

XXXIII (15531). — Mémoires sur la Loi salique (fol. 1) ; — Mémoire intitulé : « Motifs et occasions des Loix, depuis la naissance de la Monarchie jusques au concordat que passa François Ier avec le pape Léon X », 1670 (fol. 95) ; — « Motifs importans des Ordonnances plus considérables faites par nos Roys depuis François Ier », 1670 (fol. 113) ;— Bref *orig.* de Clément VIII adressé à Henry IV, 1601 (fol. 143) ; — Pièces relatives aux Bijoux de la Couronne au xvie siècle (fol. 144) ; — Lettres de Henry IV, 1602 et 1603 (fol. 153) ;— Copie d'une ordonnance de Philippe VI, roi de France, 1345 (fol. 161) ; — « Sentence confirmée par le pape Innocent IIII sur l'invalidité du mariage de Henri III, roi d'Angleterre, et Jeanne de Clermont, 1251 » (fol. 169) ; — Procès de la dissolution du mariage entre Charles IV le Bel et Blanche de Bourgogne, 1321 (fol. 188) ; — « Consultation de M. Mangot sur le contrat de mariage de la Royne mère du Roy » [Catherine de Médicis], 1583 (fol. 380) ; — Sur la validité du mariage de Gaston d'Orléans (fol. 401); — Pièces relatives à l'histoire ecclésiastique : archevêchés de Sens et de Tours, Temporel des Ecclésiastiques, etc. (fol. 417); — Mémoire intitulé : « L'Alliance de l'immunité et contribution ecclésiastiques » (fol. 453); — « Mémoire contre les nouvelles impositions... qu'on vouldroit faire sur le clergé », 1585, 1586, etc., (fol. 487); — Extraits des cahiers de l'Assemblée du clergé de 1596 (fol. 529); — « Coppie des roolles dressez pour la subvention accordée au Roy par le clergé de son royaulme, durant six années, commençant le premier de janvier mil cinq cens soixante ung et finissant au semblable jour lesd. six ans révolus 1567 » (fol. 554); — Ordonnance de Charles IX sur les contributions du clergé, 18 décembre 1567, copie (fol. 608). — XVIᵉ et XVIIᵉ siècles. — 677 feuillets.

XXXIV (15532). — Relations de Cérémonies, etc., *impr.* et manuscrites (fol. 1); — « Mémoires sur les prétentions des mareschaux de France et gouverneurs de province pour la cognoissance des démeslés touchant le point d'honneur » (fol. 71); — Pièces relatives à la Chambre des Comptes de Blois (fol. 176); — Factums *impr.* (fol. 182); — « Prise de possession du comté d'Auxerre par Mᵉ Nicole de Veires, secrétaire du Roy, pour et au nom de Sa Majesté », 1371 (fol. 223); — Copie d'une quittance de Guillaume [de Saint-Lazare], évêque de Nevers, 1212 (fol. 243); — « Remarques historiques sur l'état de la ville et du territoire d'Arles... [par M. Fourcroy] », *impr.* (fol. 245); — Pièces sur l'Artois (fol. 261), — sur la vicomté d'Aubusson, *impr.* (fol. 303), — sur la Guyenne (fol. 335); — « Copie de la coustume prétendue du conté de Clermont en Argone..., faite sur l'original qui est dans le trésor des tiltres de M. le prince conte de Clermont, etc. », 1687 (fol. 377); — Factums *impr.* (fol. 429); — Oraisons funèbres du Grand Condé : par Bourdaloue, *impr.* (fol. 485), — par Jacques de La Baune, *impr.* (fol. 527), — par l'abbé Du Jarry, *impr.* (fol. 570); — Edits royaux et Déclarations du roi *impr.* (fol. 595). — XVIIᵉ siècle. — 644 feuillets.

XXXV (15533). — Journal du siège de Namur, *impr.* (fol. 1); — Pièces relatives à Philippe d'Orléans, frère de Louis XIV (fol. 23), — à Gaston d'Orléans, etc. (fol. 25); — Factums *impr.* (fol. 91); — Mandements, etc., de François de Harlay, archevêque de Paris (fol. 171); — Arrêts du Parlement, *impr.* (fol. 187); — Mémoires de F. Cuvelier, avocat, et autres pièces sur l'Université de Paris, *impr.* (fol. 200); — Différend entre Bossuet et l'abbesse de Jouarre, factums *impr.* (fol. 344); — Autres *factums* (fol. 362); — « Conférences entre les sieurs Du Perron et Pellisson sur la cognoissance de la parole de Dieu et marques de l'Eglise chrestiene », et autres controverses théologiques (fol. 393); — Arrêts, déclarations royales, édits royaux, *impr.* (fol. 511); — Extraits de Registres du Parlement et du Conseil du roi (fol. 739). — XVIIᵉ siècle. — 803 feuillets.

35 volumes in-folio. Reliés en veau (à l'exception des mss. 15500 et 15501, qui sont reliés en parchemin). — Saint-Germain-Harlay, 121.

TABLE

Les chiffres en caractères gras (**1** à **35**) correspondent aux chiffres romains du catalogue et indiquent les volumes; les chiffres en caractères ordinaires renvoient aux feuillets.

Imprimerie polyglotte A. Le Roy. — Fr. Simon Sr. — Rennes (1954-95).

CATALOGUE DE DESSINS

RELATIFS A

L'HISTOIRE DU THÉATRE

CONSERVÉS AU DÉPARTEMENT DES ESTAMPES

DE LA

BIBLIOTHÈQUE NATIONALE

Avec la description d'Estampes rares sur le même sujet,
récemment acquises de M. DESTAILLEUR

L'idée première du présent catalogue avait été de donner aux amateurs spéciaux une description complète du recueil théâtral cédé ces années dernières au cabinet des Estampes par M. Destailleur[1]. A lui seul ce grand album méritait une notice, tant par l'extrême rareté de certaines pièces gravées, que pour la qualité des dessins originaux qu'on y trouve. Le travail une fois achevé, il nous parut utile d'y joindre l'énumération sommaire des dessins originaux sur le même sujet disséminés dans les divers recueils du Département. La besogne avait sa difficulté, car au fur et à mesure de leur entrée depuis deux siècles, les dessins de cet ordre avaient reçu des destinations bien différentes; les uns était allés

---

1. Notre ami M. Germain Bapst s'est trompé lorsqu'il écrit, dans son *Essai de l'hist. du théâtre*, que M. Courboin a publié le catalogue de ce recueil. M. Courboin a publié le catalogue des dessins topographiques relatifs à Paris, aussi acquis de M. Destailleur et conservés au cabinet des Estampes. L'erreur est excusable dans un travail de l'importance de celui de M. Germain Bapst.

grossir les collections topographiques, d'autres les albums de costumes, certains s'étaient venus joindre aux pièces historiques. C'est après avoir parcouru les volumes de ces séries que nous nous sommes résolus à publier notre catalogue.

Nous avons omis les pièces topographiques. Un inventaire s'en prépare, et d'ailleurs les dessins de cette catégorie sont le plus souvent des projets de reconstructions de scène, sans grand intérêt. Nous avons passé aussi diverses œuvres conservées dans la collection historique formée par M. Hennin. Un catalogue en a été dressé déjà par M. G. Duplessis. On aura toutes facilités d'y rechercher à la table les pièces dessinées touchant au théâtre ; elles sont d'ailleurs assez clairsemées.

Mais si restreint qu'il soit, notre catalogue renferme encore la mention de 735 dessins originaux. Il viendra compléter les informations spéciales fournies par les bibliothèques de l'Opéra ou du Théâtre Français. On le verra riche surtout en dessins des xviie et xviiie siècles, costumes, décors, ballets royaux. Notre époque moderne n'a guère laissé de traces au Cabinet, les nouveautés s'en vont de préférence enrichir les dépôts consacrés ou à l'autre branche de l'art dramatique.

Le récent inventaire du Département des estampes[1] publié par nous, donne une bibliographie sommaire des ouvrages sur la question ; on les trouvera aux séries Pd (fêtes publiques) et Tb (théâtre). Quant aux livres utiles à consulter, on en trouvera l'énumération très complète dans le remarquable ouvrage de notre ami Germain Bapst : L'*Histoire du théâtre*[2].

Il serait oiseux, ce semble, de revenir après M. Bapst sur la description des livres anciens et modernes touchant à la mise en scène, aux décors, aux costumes, et ce serait bien inutilement embarrasser notre brochure qui n'a d'autre prétention que de fournir un bref état d'œuvres curieuses, un peu perdues parmi d'autres pièces dont elles ont suivi la fortune.

HENRI BOUCHOT.

---

1. *Le cabinet des Estampes*. Paris, Dentu, 1895, in-8°.

2. GERMAIN BAPST, *Essai sur l'Histoire du théâtre, la mise en scène, le décor, le costume, l'architecture, l'éclairage, l'hygiène*. Paris, Hachette, 1893, grand in-8°.

AA 4. (MATIÈRE Q. *Histoire de France.*)

1. Scène de comédie de l'Hôtel de Bourgogne. Le théâtre représente la chambre d'une malade; celle-ci assise dans un fauteuil est soignée par un Orviétan et un Sganarelle. Devant elle un Diafoirus est à genoux. Dans le fond de la pièce, le Capitan, un docteur et divers personnages. (Vers 1660 ?). — Dessin à l'encre de Chine.

AA 5. (MATIÈRE Q. *Histoire de France.*)

2. Dessin d'un grand almanach représentant la scène d'un théâtre, sur le devant de laquelle sont groupés les principaux acteurs de l'Hôtel de Bourgogne, Pantalon, le Capitan, Mezzetin, Arlequin démasqué par Colombine, le docteur Balouard, Polichinelle, etc. Dans le fond, on voit, assise sur une table, en grand costume de deuil, une femme pleurant. Sur une partie du fronton on lit cette inscription en lettres capitales : « Le nouveau théâtre de la troupe italienne de l'Hostel de Bourgogne à Paris. » *Lichery del.* — Dessin lavé à l'encre de Chine sur papier gris.

B † Réserve (AA 4.) Dessins.

3. Un vestibule à deux étages avec double escalier. On lit au bas : « Dédié à la Reine. — Vue perspective de l'intérieur du principal vestibule du Théâtre lyrique projeté communiquant par ses côtés aux galleries des Rois de France. » — Dessin à l'aquarelle [*par de Bully,* 1788].
4. Intérieur d'une salle de spectacle prise de la scène. On lit au bas : « Dédié à la Reine. — Vue perspective de l'intérieur du théâtre lyrique projeté, qui fait voir la partie amphithéâtrale. *De Bully del.* 1788. » — Dessin à l'aquarelle.
5. Scène d'un théâtre prise de l'intérieur de la salle. On lit au bas : « Dédié à la Reine. Vue perspective de l'intérieur du théâtre lyrique projeté qui fait voir la partie de la scène théâtrale. » — Dessin à l'aquarelle [*par de Bully*].

6. Décor de théâtre représentant un portique circulaire orné de guirlandes. — Croquis à la plume lavé d'ocre.

7. Décor représentant une cité funéraire antique, où se voient des tombeaux, des colonnes et des urnes. — Dessin lavé.

Hd. 200

(Recueil factice d'architecture consacré au théâtre, et renfermant une majorité de pièces gravées. Voici les quelques dessins, mêlés aux estampes, que nous y avons rencontrés :)

8. Croquis d'une avant-scène en 1695 environ. — **Dessin lavé à** l'encre de Chine.

9. Projet d'une scène reposant sur des colonnes. — **Aquarelle du** xviiie siècle.

10. Projets de décoration d'une salle de spectacle [par *Robert de Cotte?*]. — Aquarelle.

11. Plafond et loges. — Aquarelle.

12. Coupe d'un théâtre. — Dessin lavé à l'aquarelle.

13. Plan d'une salle de spectacle. — Aquarelle.

14. Autre plan. — Aquarelle.

15. Autre plan. — Aquarelle.

16. Coupes de salles de spectacle. — 2 pièces à l'aquarelle.

17. Projet d'une salle de spectacle sur l'emplacement de l'hôtel de Soissons à Paris. 1759. Plan des terrains et de la salle. — Dessin lavé.

18. Même projet. Coupe sur la longueur de la salle et du théâtre. — Dessin lavé.

19. Même projet. Rez-de-chaussée. — Dessin lavé.

20. Même projet. Premières loges. — Dessin lavé.

21. Même projet. Deuxièmes loges. — Dessin lavé.

22. Même projet. Salle de bal contenant 1800 personnes. — Dessin lavé.

23. Même projet. Combles de la salle de spectacle, avec les réservoirs qui inondent la salle en cas d'incendie. — Dessin lavé à l'aquarelle.

24. Projet d'un théâtre à façade demi-circulaire. — Dessin lavé. (1790?)

25. Plan du théâtre précédent. — Dessin lavé.

26. Plan du théâtre précédent. — Dessin lavé.

27. Coupe du même théâtre sur la longueur. — Aquarelle.

28. Deux coupes sur la largeur : la salle, la scène. — Aquarelles

29. Plan d'une salle en amphithéâtre antique. — Dessin lavé.

30. Reconstruction du théâtre italien sur l'emplacement de l'hôtel Lamoignon au Marais. Place des terrains. — Dessin lavé.

31. Même projet sur la rue Meslay. — Dessin lavé.

32. Deux croquis du plan d'un théâtre avec deux escaliers circulaires. — Aquarelles.

33. Rez-de-chaussée du même. — Aquarelle.

34. Divers plans pour un théâtre, fin du XVIIIe s. Rez-de-chaussée. — Dessin lavé.

35. Le même projet. 1er étage. — Dessin lavé.

36. Le même projet. Coupe en largeur. La scène. — Dessin à l'aquarelle.

37. Le même projet. Coupe en largeur. La salle. — Dessin à l'aquarelle.

38. Le même. Coupe en longueur. — Dessin à l'aquarelle.

39. Le même. Coupe de la salle du foyer. — Dessin à l'aquarelle.

Oa 36.-37.

Recueil factice contenant les costumes de bal et de théâtre des règnes de Louis XIV et de Louis XV.

40. Costume de prince pour un des opéras du XVIIe s. (Thesée?) Contre-épreuve d'après un dessin au crayon de Bérain?

41. Un guerrier d'opéra (1700?) — Dessin à l'aquarelle.

42. Un prince dans un drame lyrique, vers 1650. — Dessin à l'aquarelle.

43. Personnage de ballet (Ballet de la Nuit?) vers 1650, portant un habit jaune et un casque à dragon. — Dessin à l'aquarelle.

44. Un prince. — Dessin lavé.

45. Un prince. — Dessin lavé.

46. Un guerrier. — Dessin lavé.

47. Un guerrier. — Dessin lavé.

48. Un jeune prince (Joas?). — Aquarelle.

49. Un autre jeune prince. — Aquarelle.

50. Un Mercure vers 1660. — Aquarelle.

51. Un Mercure vers 1690. — Dessin lavé.

52. Un Cupidon. — Dessin lavé.

53. Un Bacchant. — Dessin lavé.

54. Un fou. — Dessin lavé.

55. Un sauvage. — Aquarelle.

56. Pluton vers 1700. — Dessin lavé.

57. Un esprit des ténèbres. — Dessin lavé.

58. Un esprit des airs. — Dessin lavé.

59. Autre esprit des airs. — Dessin lavé.

60. Un fleuve. — Dessin au crayon.

61. Un Sylvain jouant de la cornemuse. — Aquarelle.

62. Un Polyphème en paniers de 1750 environ. On lit au bas :
Habillement d'un Polyphème pas... — Aquarelle.

63. Un joueur de hautbois vers 1660. — Dessin lavé.

64. Un hidalgo en 1650. — Aquarelle.

65. Un seigneur de 1690 environ. — Dessin lavé.
(Costumes d'un ballet sous Louis XIII. Huit pièces.)

66. Un seigneur. — Aquarelle.

67. Un prince grotesque. — Aquarelle.

68. Un capitaine. — Aquarelle.

69. Un spadassin. — Aquarelle.

70. Un seigneur de la cour des miracles. — Aquarelle.

71. Un seigneur mi-partie loup et homme. — Aquarelle.

72. Un oriental. — Aquarelle.

73. Un garde borgne. — Aquarelle.

74. Costume grotesque pour un ballet de 1650 environ, homme
sauvage? — Aquarelle.

75. Prométhée vers 1700. — Dessin lavé.

76. Pantalon. — Croquis à la sanguine.

77. Autre grotesque. — Dessin lavé.

78. Un costume de Thesée. — Dessin lavé.

79. Un seigneur de ballet. — Dessin lavé.

80. Un prince de ballet. — Aquarelle.

81. Un comte grotesque. — Dessin lavé.

82. Un seigneur. — Dessin lavé.

83. Un vieillard. — Dessin lavé.

84. Un jeune prince. — Dessin lavé.

85. Autre prince. — Dessin lavé.

86. Autre. — Croquis à la pierre noire.

87. Un paysan. — Dessin lavé.

88. Un joueur de fifre. — Dessin lavé.
89. Un berger. — Dessin lavé.
90. Un guichetier. — Dessin lavé.
91. Une vieille grotesque. — Aquarelle.
92. Un grotesque. — Dessin lavé.
93. Un seigneur à la tête de hibou. — Croquis à la sanguine.
94. Un trompette de ballet. — Dessin lavé.
95. Un paysan. — Dessin lavé.
96. Un gueux cul-de-jatte. — Dessin lavé.
97. Un gueux traîne-pattes. — Dessin lavé.
98. Homme de qualité en habit de danseur. — **Dessin lavé et** rehaussé de blanc, par *H. Bonnart.*
99. Une gitaña. — Aquarelle.
100. Mercier ambulant. — Dessin lavé (*Larmessin?*).
101. Barbier ambulant. — Dessin lavé.
102. Mardi-gras. — Aquarelle.
103. Marchand de vin. — Dessin lavé.
104. Costume grotesque de peintre. — Dessin lavé.
105. Grotesque de ballet, avec escargots aux épaules. — Dessin lavé.
106. Un fou. — Aquarelle.
107. Un seigneur oriental. — Dessin lavé.
108. Un Arabe. (Voir le costume d'arabe gravé **par** *Bonnart.*) — Dessin lavé.
109. Autre. — Dessin lavé.
110. Un Africain. — Dessin lavé.
111. Un Arabe. — Dessin lavé.
112. Un archer dansant. — Dessin lavé.
113. Un grotesque tenant une canne. — Dessin **lavé.**
114. Indien dansant? — Dessin lavé.
115. Endymion. — Dessin lavé.
116. Un Scythe tirant de l'arc. — Dessin lavé.
117. Un seigneur. — Croquis à la pierre noire.
118. Un Endymion? — Dessin lavé.
119. Un Turc. — Dessin à la pierre noire.
120. Un grand-prêtre. — Dessin lavé.
121. Un costume de vieillard pour un ballet. — **Dessin au crayon** en **contre-épreuve.**

122. Un seigneur ottoman ou Esclavon, par *Bonnart?* — Dessin
à la sanguine.

123. Fantoches et acrobates formant une apothéose. — Dessin.

Oa. 37.

124. Une joueuse de viole sous Louis XIII. — Aquarelle.

125. Costume de reine de tragédie lyrique vers 1690. — Dessin
lavé.

126. Danseuse de ballet en jupe courte. — Dessin lavé.

127. Autre. — Dessin lavé.

128. Autre. — Dessin lavé.

129. Femme ridicule en vertugade du xvi° s. dansant un pas.
— Dessin au bistre par *H. Bonnart* (Dame Ragonde).

130. Danseuse catalane tenant un tambour de basque. — Aquarelle.

131. Actrice en costume grotesque jaune, tenant un tambourin.
— Aquarelle.

132. Une folie de 1690 environ. — Aquarelle et gouache.

133. Danseuse de l'Opéra dansant un pas. — Dessin lavé au
bistre par *Bonnart?*

134. Paysanne dansant à l'Opéra. — Dessin lavé.

135. Une princesse dansant. — Dessin lavé.

136. Arthémise, un des rôles de Marinette. — Aquarelle.

137. Une jardinière. — Dessin lavé.

138. Une danseuse en paniers, xviii° s. — Aquarelle.

139. Danseuse. — Dessin lavé.

140. Autre. — Dessin lavé.

141. Une princesse africaine. — Aquarelle.

142. Flore. — Dessin lavé.

143. Une reine. — Aquarelle.

144. Reine. — Dessin lavé.

145. Autre. — Dessin lavé.

146. Princesse. — Dessin lavé.

147. Danseuse jouant des castagnettes. — Dessin lavé.

148. Danseuse. — Dessin lavé.

149. Danseuse tenant un caducée. — Dessin lavé.

150. Danseuse en robe courte. — Dessin lavé.

151. Danseuse ayant un cimier de plumes. — Dessin lavé.

152. Danseuse en chasseresse. — Dessin lavé.

153. Diane tenant un épieu. — Dessin lavé.

154. Bacchante. — Dessin lavé.

155. Indienne du triomphe de l'Amour tenant une pique et un
     miroir. — Dessin lavé.

156. Princessse indienne? — Dessin lavé.

157. Trompette. — Dessin lavé.

158. Une harpie. — Aquarelle.

159. Autre. — Dessin lavé.

160. La nuit. — Aquarelle.

161. Princesse orientale. — Croquis à la sanguine. (*Bonnart.*)

162. Contre-épreuve d'un dessin représentant cinq acteurs réunis
     sur une feuille. — Sanguine.

163. Costume de théâtre de 1690 environ. — Dessin lavé et
     rehaussé de blanc.

164. Apothéose d'une Cérès. — Dessin lavé.

165. Princesse à cheval, conduite par un coureur. — Dessin à la
     pierre brûlée.

166. Prince monté sur un chameau. — Dessin à la pierre brûlée.

167. Apothéose infernale dans un décor de monstres. — Dessin
     lavé.

168. Un fou portant une coquette sur son dos. — Dessin au
     crayon.

169. Deux acteurs enlacés, s'arrangeant pour former le corps
     d'un centaure. — Dessin lavé.

170. Les mêmes portant Cupidon sur leur dos. — Dessin lavé.

171. Un char du soleil conduit par le Temps. — Croquis à la
     plume et au crayon.

172. Guerrier d'un carrousel ayant près de lui son cheval. —
     Croquis par *Chauveau.*

173. Tournoi du xvii⁰ s. Deux seigneurs de 1650 environ combat-
     tant l'un contre l'autre. — Aquarelle.

174. Harnais d'un cheval de tournois, avec pièces rapportées sur
     le dessin. — Dessin lavé au bistre.

175. Cheval de tournoi ou de carrousel. — Aquarelle.

176. Licteur romain montant un coursier, vers 1750. — Aquarelle.

177. Autre cheval du même temps tirant un char. — Aquarelle.

Pd. 74.

Ouvrage intitulé le *Ballet du Roy des festes de Bacchus dansé
par Sa Majesté au Palais Royal le 2 jour de Mai 1651. A Paris*

par Robert Ballard seul imprimeur du Roy pour la musique, 1651. Avec permission. In-folio de 26 pages de texte, plus deux pages en appendice pour les entrées. La reliure est aux armes de Louis Hesselin, maître des Requêtes à la Chambre des Comptes, et c'est vraisemblablement pour ce bibliophile émérite que furent dessinées les figures placées à la suite du texte, vers 1660 environ[1]. Le texte comprend 26 pages, plus deux pages d'*Ordre des Entrées.* Les dessins sont exécutés à l'aquarelle avec rehauts d'argent et d'or.

178. Décor représentant l'intérieur d'une salle richement décorée. Au fond un char traîné par deux personnages. A droite un autre char traîné par deux chevaux ; à gauche deux autres personnages à cheval. Argument : *Sobriété, Cornaro et l'Indigence chassez de l'Isle dorée par Silène, et menez en triomphe par un parasite. Première entrée. Le Fourgon. M. de Sainctot, Lardenay, Quéru, Du Moustier, Lerambert, Anse* (acteurs). Fol. 34

179. Figure d'acteur en pied portant un costume écourté de femme. On lit en haut cette mention au crayon : *1er Récit. La Sobriété.* Fol. 35

180. Figure d'acteur costumé en Pantalon, et tenant une balance. On lit en haut cette mention au crayon : *1er Récit. Cornaro.* Fol. 36

181. Figure d'acteur en pied portant un costume court. On lit en haut cette mention au crayon : *1er Récit. Lindigence.* Fol. 37

182. Figure d'acteur en costume de fantaisie. On lit en haut cette mention au crayon : *1er Récit de quatre parasite.* Fol. 38

183. Figure d'acteur représenté en costume de fantaisie, coiffé d'un coq et chevauchant une haquenée. On lit en haut cette mention au crayon : *1re entrée des Coqueliers.* Fol. 39

---

1. Louis Hesselin était un des Mécènes de cette époque. Il était de toutes les fêtes, et il avait commandé à La Belle les dessins du *Ballet de la nuit* dans le goût de celui-ci. Le *Ballet de la nuit* appartient au baron Pichon.

Il avait des châteaux précieusement décorés de peinture, et ses livres reliés d'ordinaire en veau fauve étaient à ses armes : Griffons et croisettes. Le recueil dont nous donnons la description provient de la vente Saint-Yves, il est entré à la Bibliothèque en 1805. Il portait le n° 578 de la vente du célèbre oculiste amateur Saint-Yves dont le cabinet, vendu le 2 mai 1805, renfermait plus de 600 pièces rares, tant tableaux, estampes, que miniatures ou dessins.

184. Figure d'acteur costumé en villageoise assise sur un cheval.
On lit en haut cette mention au crayon : *1re entrée Coque-
lière ?*   Fol. 40

185. Figure d'acteur costumé en page de fantaisie, et montant à
cheval (sans mention : *Concierge du palais de Silène ?*).
                                                            Fol. 41

186. Figure d'acteur dans un costume de commencement du
xviie siècle, d'une coupe exagérée. On lit en haut cette
mention au crayon : *2e entrée de deux hoste.*   Fol. 42

187. Figure d'acteur dans un costume de femme du commencement du xviie siècle. On lit en haut cette mention au
crayon : *2e entrée de deux hostesse.*   Fol. 43

188. Figure d'acteur dans un costume allégorique du Temps,
portant deux ailes et une ceinture de nuages. Il tient une
faulx et un serpent en anneau (sans mention manuscrite,
mais on lit dans la description du Ballet : *Le temps qui
amène la joye et l'abondance nécessaires à la cérémonie*).
                                                            Fol. 44

189. Figure d'acteur en costume grotesque du temps de Louis XIII.
On lit en haut cette mention au crayon : *3e entrée de deux
filoux.*   Fol. 45

190. Figure d'acteur en costume de fantaisie portant un sac à la
ceinture et un pot à colle dans la main (sans mention, mais
on lit dans la description du Ballet : *Deux afficheurs col-
porteurs affichans et crians par toute l'isle les festes de
Bacchus*).   Fol. 46

191. Figure d'acteur à cheval sur un tonneau, couronné de
pampres et tenant un verre à la main. On lit en haut cette
mention au crayon : *6e entrée Bacchus* (Représenté par
Coquet père).   Fol. 47

192. Figure d'acteur en costume diabolique, épaulières et cein-
tures en feuilles de chardons. On lit en haut cette mention
au crayon : *6e entrée de trois démons...*   Fol. 48

193. Figure d'acteur en costume de fille naine et grotesque. On
lit en haut cette mention au crayon : *6e entrée de sept
insensées.*   Fol. 49

194. Figure d'acteur en costume de femme à jupe courte, et
bonnet allemand. On lit en haut cette mention au crayon :
Nourrisses de Bacchus. 7e entrée.   Fol. 50

195. Figure d'acteur en costume mi-parti diabolique et autre
     (sans mention. *Un des devins de la 8ᵉ entrée*).   Fol. 51
196. Figure d'acteur en costume diabolique. On lit en haut cette
     mention au crayon : *Pocle 4, 8ᵉ entrée*.   Fol. 52
197. Figure d'acteur en costume fantaisiste, coiffé d'un bonnet à
     pointe recourbée auquel est suspendu une lanterne. On lit
     en haut cette mention au crayon : *IXᵉ entrée, 4 cherchans
     la Cadence*.   Fol. 53
198. Figure d'acteur en costume de ménétrier du XVIᵉ siècle. On
     lit en haut cette mention au crayon : *IXᵉ chercheur de
     Cadence*.   Fol. 54
199. Figure d'acteur en guenilles et ayant une jambe de bois. On
     lit en haut cette mention au crayon : *10ᵉ entrée gueux
     indien*.   Fol. 55
200. Figure d'acteur en costume de sauvage. On lit en haut cette
     mention au crayon : *7ᵉ entrée de trois gueux indiens* (ceci
     ne correspond pas à l'argument imprimé).   Fol. 56
201. Figure d'acteur en costume de faune cornu. On lit en haut
     cette mention au crayon : *XIᵉ faunes à Dieu Pan*. Fol. 57
202. Figure d'acteur en costume de héros. On lit en haut cette
     mention au crayon : *12ᵉ entrée. Chevaliers de la table
     ronde 6*.   Fol. 58
203. Decor identique au décor de la 1ʳᵉ entrée. On voit au milieu
     une table autour de laquelle des bateleurs se livrent à des
     tours pour divertir les chevaliers de la table ronde. Parmi
     ces bateleurs figurait Louis Hesselin pour qui les figures
     avaient été dessinées.   Fol. 60
204. Figure d'acteur en costume de bateleur. On lit en haut cette
     mention au crayon : *13ᵉ entrée. Bateleur* (Louis Hesselin
     en arlequin).   Fol. 61
205. Figure d'acteur en costume de bateleur. On lit en haut cette
     mention au crayon : *13ᵉ entrée de deux Coles* (Colles était
     le nom d'un des personnages).   Fol. 62
206. Figure d'acteur en costume de bateleur. On lit en haut cette
     mention au crayon : *13ᵉ entrée Godenot* (Ce rôle était
     rempli par Bonard fils).   Fol. 63
207. Figure d'acteur costumé en espagnol de fantaisie. On lit en
     haut cette mention au crayon : *Entrée 13 de 3. Godeno
     en Espagnol*. (Le même Bonard le fils.)   Fol. 64

208. Figure d'acteur costumé en Espagnole. On lit en haut cette
     mention au crayon : *Entrée 15° de 5 femmes de Godeno
     en Espagnolles.*   Fol. 65

209. Figure d'acteur costumé en robe courte de bourgeoise. On
     lit en haut cette mention au crayon : *Gouvernante 4° en-
     trée de 5 matronne.* (Cette entrée est indiquée comme
     ayant été supprimée dans l'appendice du texte p. 25.)
                                                         Fol. 66

210. Figure de jeune fille en costume fait de fleurs et d'épis en
     diadème. Sans mention. (Cette figure représentait le roi
     Louis XIV en jeune fille coquette de la quatrième entrée
     supprimée. Le jeune prince y disait entre autres choses :

     Je sens que dans le corps d'une jeune mignonne
          J'ay l'ame d'un grand Roy.)   Fol. 67

211. Figure d'un acteur en costume de fantaisie formé de grappes
     de raisin. On lit en haut cette mention au crayon :
     14° entrée de 4 acanariens.   Fol. 68

212. Figure d'acteur costumé en ballerin et coiffé d'une tête
     d'ours. Il joue d'une guitare. On lit en haut cette mention
     au crayon : *15° entrée de 5 musique Crotesque.*   Fol. 69

213. Figure d'acteur, coiffé d'une tête de lion, et jouant du
     triangle. On lit en haut cette mention au crayon :
     15° entrée de 5 musique crotesque.   Fol. 70

214. Figure d'acteur coiffé d'une tête de porc et agitant un hochet
     formant viole. On lit en haut cette mention au crayon :
     15° entrée de 5 musique crotesque.   Fol. 71

215. Figure d'acteur portant un costume fait de divers jeux,
     cartes, dés, etc. Sans mention. (Ce rôle était tenu par le
     duc de Joyeuse.)   Fol. 72

216. Figure d'acteur en costume de fantaisie formé de verres à
     boire. On lit en haut cette mention au crayon : *16° entrée
     de 5. La Desbauche.* (Ce rôle était tenu par le célèbre
     Molier.)   Fol. 73

217. Figure d'acteur en costume grotesque. On lit en haut cette
     mention au crayon : *16° entrée de 5. La Crapulle.* Fol. 74

218. Figure d'acteur en costume de berger. On lit en haut cette
     mention au crayon : *18° entrée de 5. Icar pasteur.* (Ce
     rôle était tenu par le prince d'Harcourt.)   Fol. 75

219. Figure d'acteur en costume de berger. (Sans mention.)
Fol. 76

220. Figure d'acteur en costume de femme très riche. (Sans
mention, mais c'est la représentation de Vénus dans le
Récit sérieux intercalé entre la XVII° et la XVIII° entrée.)
Fol. 77

221. Figure d'acteur en costume de femme très riche. On lit en
haut au crayon : *Récit de La Volupté.*   Fol. 78

222. Figure d'acteur en costume de femme très court. On lit en
haut cette mention au crayon : *2° récit des trois Graces.*
Fol. 79

223. Figure d'acteur représenté en costume héroïque, couronné
de laurier et tenant une guitare. On lit en haut cette mention au crayon : *18° entrée de 8. Orfée.* (Ce rôle d'Orphée
était tenu par M. Séguier.)   Fol. 80

224. Figure d'acteur en costume de Silène chevauchant un âne.
On lit en haut cette mention au crayon : *19° entrée de 8.
Silene.*   Fol. 81

225. Figure d'acteur en bacchante de fantaisie, agitant un tambour de basque. (Sans mention. Mais d'après le texte ce
rôle était tenu par le Roi Louis XIV en personne.) Fol. 82

226. Figure d'acteur en costume de divinité sombre, tenant une
baguette, et portant une corne d'où s'échappent des
nuées. On lit en haut cette mention au crayon : *20° entrée
de 5. Dieu du Someil.* (Rôle tenu par le s Beaubrun,
peintre d'Anne d'Autriche.)   Fol. 83

227. Figure d'acteur en costume formé d'ailes de papillons, et de
déchiquetés. On lit en haut cette mention au crayon :
20° entrée de 5. Fantosmes.   Fol. 84

228. Figure d'un acteur en costume grotesque dont la coiffure
est formée d'une mandoline. On lit en haut cette mention
au crayon : *21° entrée* (le texte dit 20° entrée) *de 5 trofées
de Bachus. La Musique.*   Fol. 85

229. Figure d'un acteur en costume grotesque fait de pots d'étain.
On lit en haut cette mention au crayon : *20° entrée de
5 trofées de bachus.*   Fol. 86

230. Figure d'acteur en costume formé de flammes. On lit en
haut cette mention au crayon : *22° (sic) entrée de 4 gens
de feu.*   Fol. 87

231. Figure d'acteur costumé en bonhomme Noel. On lit en haut cette mention au crayon : *23ᵉ (sic) entrée. Les Glassés.*
Fol. 88

232. Figure d'acteur costumé de court, portant un cimier de plumes de diverses couleurs, une ceinture et des épaulières faites de fleurs. On lit en haut cette mention au crayon : *24° (sic) entrée du Fleuve de l'Oubly.* (Ce rôle était tenu par le marquis de Pisy-Genlis.)
Fol. 89

233. Décor représentant l'intérieur d'une salle. Dans les nuages cinq acteurs costumés en esprits follets, et au dessous cinq autres lutins.
Fol. 91

234. Figure d'acteur costumé en robe à pointes et portant un masque. On lit en haut cette mention au crayon : *Fées enfantant les espris folets.*
Fol. 92

235. Figure d'acteur costumé en lutin. On lit en haut cette mention au crayon : *25° (sic) entrée de 5 espris folez.* Fol. 93

236. Figure d'acteur costumé en écuyer, et coiffé d'une coquille d'escargot. On lit en haut cette mention au crayon : *26° entrée. Escuyer.*
Fol. 94

237. Figure d'acteur costumé d'un tonneau, et tenant une épée et une dague. On lit en haut cette mention au crayon : *27ᵉ entrée de 6 gladiateurs.*
Fol. 95

238. Figure d'acteur costumé d'un tambour et portant un pot de fleur sur la tête. On lit en haut cette mention au crayon : *27° entrée de 6 gladiateurs.*
Fol. 96

239. Figure d'acteur costumé d'une cuirasse. On lit en haut cette mention au crayon : *27ᵉ entrée de 6 gladiateurs animés.*
Fol. 97

240. Figure d'acteur en costume militaire grotesque, tenant une épée et une rondache. On lit en haut cette mention au crayon : *27ᵉ entrée de 6 gladiateurs.*
Fol. 98

241. Figure d'acteur en costume court. On lit en haut cette mention au crayon : *28 entrée de 4 Titans.*
Fol. 99

242. Figure d'acteur en costume court, portant une calotte pointue à plumes, et une hache sur l'épaule. (Sans mention, mais d'après l'argument c'est un pirate échoué dans l'île dorée.)
Fol. 100

243. Figure d'acteur en costume riche, ayant des ailes aux jambes. On lit en haut cette mention au crayon : *29ᵉ entrée d'un Mercure. M. de Roquelaure.*
Fol. 101

244. Décor représentant le ciel. Sur des nuages Apollon et les
     neuf muses.   Fol. 103
245. Figure d'acteur en Apollon. (Sans mention, mais c'est ici le
     portrait de Louis XIV.)   Fol. 104
246. Figure d'acteur en costume féminin. On lit en haut au crayon :
     50ᵉ entrée de 20. Les Muses.

Qb 32 (*Histoire de France*) 1628[1].

« Le balet des ridicules dancé par le Roy Louis XIII à Sᵗ Germain en laie le douzième janvier mil six cent vingt huit[2]. »

247. Figure d'acteur en costume de musicienne grotesque. On lit
     en haut à la plume. *Récit de la Musique.*   Fol. 1
248. Figure d'acteur en costume de vieille fille grotesque ; un
     acteur costumé en grenouille porte son manteau. On lit
     en haut à la plume : *Guillemine la Quinteuse.*   Fol. 2
249. Entrée d'une troupe de musiciens grotesques soufflant dans
     des huchets, et conduits par un acteur costumé en femme
     géante. On lit en haut à la plume : *Musiciens de campa-
     gne.*   Fol. 3
250. Entrée d'une troupe de musiciens costumés en chanteurs et
     chanteuses espagnols, jouant de la guitare. On lit en haut
     à la plume : *Entrée des Espagnols joueurs de guitare.*
                                                            Fol. 4
251. Figure d'acteur dans un costume formé des attributs du jeu.
     On lit en haut à la plume : *Récit du jeu.*   Fol. 5
252. Figure d'acteur en costume de courtisane de 1600 environ,
     dont les voiles sont portés par un acteur habillé d'une

---

1. Les trois ballets qui suivent ne paraissent pas avoir été publiés. Les figures en ont
été recueillies par Fevret de Fontette au xviiiᵉ siècle, et ont été classées par lui à
leur date dans la collection de l'Histoire de France cédée au Roi en 1770. Un catalogue
très sommaire en avait été dressé dans l'*Appendice de la Bibliothèque historique de
la France.*

Les figures de ces ballets dessinées ou enluminées par le même artiste médiocre,
sont uniformément à l'aquarelle.

2. M. Bapst, *Essai sur l'Hist. du théâtre,* page 238, fait observer que le roi était, à
cette date précise devant la Rochelle ; M. Bapst dit *17 janvier,* il faut lire *12 janvier.*
Ce ballet, d'après M. Bapst, aurait eu pour titre exact *la douairière de Bilbao* et aurait
été dansé en janvier 1626.

peau de chat. On lit en haut à la plume : *Perrette la Hazardeuse.*   Fol. 6

253. Combat de deux acteurs habillés en gentilshommes contre deux autres affublés de peaux de singes (sans mention).
Fol. 7

254. Les mêmes gentilshommes jouant à l'aiguille mouvante, et chevauchés par les singes (Sans mention).   Fol. 8.

255. Danse de huit acteurs en costume court (Sans mention).
Fol. 9

256. Danse de quatre acteurs costumés en diables noirs (Sans mention).   Fol. 10

257. Figure du ballet représentant un jeu de marelle dont les points sont marqués par neuf coqs et poules, en carton, qu'un renard dirige (Sans mention).   Fol. 11

258. Figure d'acteur en costume de chanteuse grotesque jouant de la guitare. On lit en haut à la plume : *Récit de la folie.*
Fol. 12

259. Figure d'acteur en costume de femme grotesque, dont le manteau est porté par un acteur costumé en hibou. On lit en haut : *Jacqueline L'Entendue.*   Fol. 13

260. Entrée de cinq acteurs en costume de seigneurs grotesques. On lit en haut à la plume : *Entrée des embabouinez.*
Fol. 14

261. Entrée de quatre acteurs en costume mi parti. On lit en haut à la plume : *Entrée des demy foux.*   Fol. 15

262. Entrée de trois acteurs en costumes de seigneurs grotesques habillés de jaune. On lit en haut à la plume : *Entrée des fantasques.*   Fol. 16

263. Danse de six acteurs en costumes masculins et féminins. On lit en haut à la plume : *Entrée des Esperducattes.* Fol. 17

264. Figure d'un acteur en costume de guerrier grotesque, coiffé de gabions et d'un canon, et jouant de la guitare. On lit en haut à la plume : *Récit de la guerre.*   Fol. 18

265. Figure d'un acteur en costume de vieille femme grotesque, dont le manteau est porté par un acteur costumé en griffou. On lit en haut à la plume : *Alison la Hargneuse.* Fol. 19

266. Entrée de cinq acteurs, dont le premier porte la dalmatique fleurdelisée des hérauts de tournois, et les quatre autres sont coiffés de tambours et marchent avec des jambes de

bois. On lit en haut à la plume : *Entrée du hérault et des tambours.*   Fol. 20

267. Entrée de dix acteurs hommes et enfants, dont deux sont en costumes grotesques de juges de tournoi, et les quatre autres sont déguisés en pages. On lit en haut à la plume : *Entrée des parains et leurs pages.*   Fol. 21

268. Entrée de quatre acteurs en costume de tournoi grotesque. On lit en haut à la plume : *Entrée des vaillans combattans.*   Fol. 22

269. Entrée de quatre acteurs en costumes grotesques, dont l'un est décapité. On lit en haut à la plume : *Entrée des coupes testes.*   Fol. 23

270. Joûte grotesque d'acteurs affublés de casques, de toques et de robes de docteurs, et chevauchant des mannequins d'ânes. On lit en haut à la plume : *Entrée des médecins courant la Quintaine.*   Fol. 24

271. Figure d'acteur en costume de femme jouant de la guitare. On lit en haut cette mention à la plume : *Récit de la dance.*   Fol. 25

272. Figure d'acteur en costume de lansquenet féminin, dont le manteau est porté par un nain. On lit en haut à la plume : *Macette la Caprioleuse.*   Fol. 26

273. Entrée de huit danseurs en costumes de mignons du xvie siècle. On lit en haut à la plume : *Entrée des bilboquets,*   Fol. 27

274. Entrée de 17 acteurs en costume de chanteurs ambulants. On lit en haut à la plume : *Musique servant de récit au grand ballet.*   Fol. 28

275. Entrée de 16 acteurs en jupes courtes, et coiffés de bonnets formés de genêts. On lit en haut à la plume : *Grand ballet.*   Fol. 29

Qb 32 (*Histoire de France*) 1629.

« Le balet des quatre parties du monde dancé par le Roy Louis XIII à S. Germain en laie le dix septième Janvier et jours suivans mil six cens vingt neuf[1]. »

---

1. M. Germain Bapst fait remarquer qu'à cette date le roi Louis XIII était du côté de Dijon, en route pour le Piémont. M. Bapst dit 12 janvier, c'est *17* qu'il faut lire. Ce

276. Figure d'acteur en costume court de femme, portant une
     coiffure de plumes. On lit en haut à la plume : *Récit de
     l'Amérique.*   Fol. 1

277. Entrée de trois acteurs, dont deux portent l'autre affublé
     d'un costume de roi grotesque. On lit en haut à la plume :
     Entrée du Roy Atabalipa.   Fol. 2

278. Entrée de six acteurs habillés comme celui du premier récit
     ci-devant. On lit en haut à la plume : *Première entrée des
     Amcriquains.*   Fol. 3

279. Entrée de quatre acteurs costumés en perroquets. On lit en
     haut à la plume : *Entrée des perroquets.*   Fol. 4

280. Entrée de 4 acteurs costumés de jupes courtes et coiffés de
     plumes. On lit en haut cette mention : *Seconde entrée des
     Amcriquains.*   Fol. 5

281. Entrée de 6 acteurs dont un costumé en antilope, traînant
     un porte-cymbales ; un autre frappant les cymbales, et
     quatre accompagnant le cortège avec des musettes. On lit
     en haut à la plume : *Musique de l'Amérique.*   Fol. 6

282. Entrée de 3 acteurs en costumes mi-parti masculin et
     féminin. On lit en haut à la plume : *Entrée des Andro-
     gines.*   Fol. 7

283. Figure d'acteur en costume de femme très long, et jouant
     de la guitare. On lit en haut à la plume : *Récit de
     l'Asie.*   Fol. 8

284. Entrée de six acteurs costumés en orientaux burlesques.
     On lit en haut à la plume : *Entrée de Mahomet et de ses
     docteurs.*   Fol. 9

285. Entrée de 3 acteurs en costumes persans burlesques.
     On lit en haut à la plume : *Entrée des docteurs per-
     siens.*   Fol. 10

286. Entrée de cinq acteurs en costumes orientaux burles-
     ques. On lit en haut à la plume : *Entrée des pictairs.*
                                                           Fol. 11

287. Entrée burlesque d'un acteur en costume de pacha et à
     cheval, suivi de deux autres portant un parasol. On lit en
     haut à la plume : *Entrée du grand Seigneur.*   Fol. 12

---

ballet aurait eu pour titre : *Les fées de la forêt de Saint-Germain* et aurait était dansé
au Louvre le 11 février 1625.

288. Les mêmes acteurs dont le pacha à pied. On lit en haut
cette mention à la plume : *Seconde entrée du grand
seigneur dansant avecque les suivans.*   Fol. 13

289. Entrée de huit acteurs en costumes de femmes turques
tenant l'éventail. On lit en haut à la plume : *Entrée des
Sultanes.*   Fol. 14

290. Entrée de deux acteurs en costumes fourrés, et jouant de la
guitare. On lit en haut à la plume : *Récit des parties du
Nord.*   Fol. 15

291. Entrée de quatre acteurs dont deux en costume de magistrats hollandais grotesques, et deux en faiseurs de tours.
On lit en haut à la plume : *Entrée des baillifs de Groin-
lande* et *Fridlande et leurs capriolleurs à louäge.*   Fol. 16

292. Entrée de quatre acteurs en justaucorps à taille tombant aux
pieds, ou en grègues montant au cou. On lit en haut à la
plume : *Entrée des Hocricanes et Hofnaques.*   Fol. 17

293. Entrée de six acteurs en costumes fourrés et portant des
patins. On lit en haut à l'encre : *Entrée des glisseurs.*

                                                      Fol. 18

294. Entrée de cinq acteurs dont quatre entourent un cinquième
portant un bol de feu, et portant du feu sur son chapeau.
On lit en haut à la plume : *Entrée des gelez.*   Fol. 19

295. Figure d'acteur en costume de femme française de la fin du
XVIe siècle, et jouant de la guitare. On lit en haut à la
plume : *Récit de l'Europe.*   Fol. 20

296. Entrée de neuf acteurs, dont l'un porté sur un éléphant est
environné de balladins. On lit en haut à la plume : *Entrée
du Cachique et de sa suite.*   Fol. 21

297. Entrée de cinq acteurs en costumes de négresses. On lit en
haut à la plume : *Entrée des Afriquaines.*   Fol. 22

298. Entrée de six acteurs dont l'un monté sur un chameau est
conduit par les cinq autres en costumes burlesques. On
lit en haut à la plume : *Entrée du grand Can et ses sui-
vants.*   Fol. 23

299. Les mêmes dansant. On lit en haut à la plume : *Seconde
entrée du grand Can dansant avec ses suivantz.*   Fol. 24

300. Entrée de deux acteurs conduisant deux mannequins de
chevaux. On lit en haut à l'encre : *Bagage des Gre-
nadins.*   Fol. 25

301. Entrée de quatre acteurs dansant un pas. On lit en haut à la
      plume : *Danceurs de Sarabande.*   Fol. 26

302. Entrée de quatre acteurs costumés en chanteurs espagnols
      burlesques, jouant de la guitare. On lit en haut à la plume :
      Entrée des joueurs de guitare.   Fol. 27

303. Entrée de deux acteurs costumés en nourrices gro-
      tesques. On lit en haut à l'encre : *Nourices des Grena-
      dins.*   Fol. 28

304. Entrée de trois acteurs en chanteurs espagnols. On lit en
      haut à l'encre : *Chantres Grenadins.*   Fol. 29

305. Figure d'acteur représenté en costume maure. On lit en
      haut à l'encre : *Récit de l'Afrique.*   Fol. 30

306. Entrée de six joueurs burlesques. On lit en haut à l'encre :
      Musique de la douairiere.   Fol. 31

307. Entrée de cinq acteurs dont le premier est costumé en vieille
      dame burlesque montée sur des patins, et suivie de quatre
      duègnes. On lit en haut et à l'encre : *Entrée de la doua-
      riere de Bilbahaut (Bilbao) et ses dames.*   Fol. 32

308. Entrée de cinq acteurs en costumes d'hidalgos grotesques.
      On lit en haut à la plume : *Entrée de l'amoureux de la
      douariere et ses suivants.*   Fol. 33

309. Deux acteurs, l'un habillé en tavernier coiffé d'un entonnoir,
      l'autre en hôtesse, devant une maison portant pour
      enseigne CLAMART. On lit en haut à l'encre : *L'Hoste et
      l'hostesse.*   Fol. 34

Qb 33. (*Histoire de France*) 1630.

« Le balet du château de Bisestre dancé à Paris trois fois : la
nuit du quatre au cinquième febvrier au Louvre, à l'Hostel de
Ville, et à l'Arsenal, aux frais et par Louis de Bourbon, comte de
Soissons, 1630. »

310. Figure d'acteur en costume féminin, coiffé d'un château
      à tourelles, et jouant de la guitare. On lit en haut à l'encre :
      Récit du ballet du chasteau de Bicestre.   Fol. 1

311. Entrée de trois acteurs, deux en taverniers burlesques, l'autre
      en hôtesse, devant un château démoli peuplé de loups et
      de chats-huants. On lit en haut à l'encre : *Entrée de
      l'hoste, de l'hostesse et de leur vallet.*   Fol. 2

312. Entrée de deux acteurs en mendiants. On lit en haut à la plume : *Entrée des Gueux.* Fol. 3

313. Entrée de deux acteurs costumés en spadassins italiens burlesques. On lit en haut à la plume : *Entrée des braves.* Fol. 4

314. Entrée de trois acteurs, un Pantalon et deux courtisanes. On lit en haut à la plume : *Entrée du maquereau et des deux garces.* Fol. 5

315. Entrée de deux acteurs, l'un costumé en pèlerin de Saint-Jacques, l'autre en esclave maure. On lit en haut à la plume : *Entrée du pèlerin espagnol et son vallet.* Fol. 6

316. Entrée de cinq acteurs dansant, costumés en bergers de fantaisie. On lit en haut à la plume : *Entrée des paysans yvres.* Fol. 7

317. Entrée de trois acteurs costumés en écoliers tenant des férules. On lit en haut à la plume : *Entrée des escolliers.* Fol. 8

318. Quatre acteurs, dont deux batteurs de pièces de monnaie. On lit en haut à la plume : *Entrée des faux-monnoyeurs.* Fol. 9

319. Six acteurs, dont trois en costumes d'hommes, trois en costumes de femmes. On lit en haut à la plume : *Entrée des Égiptiens et Égiptiennes.* Fol. 10

320. Chœur de onze guitaristes. On lit en haut à la plume : *Musique des l'hutz* (sic). Fol. 11

321. Acteur costumé en faiseur de tours. On lit en haut à la plume : *Entrée du magicien.* Fol. 12

322. Entrée de quatre acteurs, dont deux avec des têtes d'animaux, et deux en femmes burlesques. On lit en haut à la plume : *Entrée des sorcières et des monstres.* Fol. 13

323. Entrée de trois acteurs en costume flambant. On lit en haut à la plume : *Entrée des diables.* Fol. 14

324. Entrée de six acteurs costumés en chats-huants et en corbeaux. On lit en haut à la plume : *Entrée des hiboux et des corneilles.* Fol. 15

325. Entrée de quatre acteurs en costume léger. On lit en haut à la plume : *Entrée des lutins.* Fol. 16

326. Quatre acteurs costumés en ombres. On lit en haut à la plume : *Première entrée des fantosmes.* Fol. 17

327. Les quatre acteurs précédents dépouillés de leur suaire, et
     habillés de court, dansant un pas. On lit en haut à la
     plume : *Seconde entrée des fantosmes.*   Fol. 18
328. Entrée de quatre acteurs en costume de hallebarbiers gro-
     tesques. On lit en haut à la plume : *Entrée des archers.*
                                                      Fol. 19
329. Entrée de deux acteurs en magistrats burlesques. On lit en
     haut à la plume : *Entrée du juge et du greffier.*   Fol. 20
330. Concert vocal et instrumental de 18 acteurs. On lit en haut
     à la plume : *Musique servant de récit au grand ballet.*
                                                      Fol. 21
330bis. Entrée de dix-sept acteurs en costume d'apothéose. On lit
     en haut à la plume : *Grand ballet.*   Fol. 22

Il faut signaler quelques dessins de costumes et de travestis
conservés dans la collection Hennin entrée à la Bibliothèque en
1866. Le catalogue général de ce recueil a été dressé par M. Georges
Duplessis en 5 vol. in-8° avec table analytique. Il nous a paru
inutile de mentionner ici ces dessins représentant, notamment,
quelques costumes d'un ballet, avec le roi Louis XIV en Apollon,
une comédie au XVIII° siècle, etc.

          Tb. 1 +. *Recueil factice provenant de M. Destailleur,*
                              architecte.

331. Encadrement dessiné et gravé en 1779, par *J.-M. Moreau
     le Jeune* pour le Répertoire de Fontainebleau, et précé-
     demment décrit par Emmanuel Bocher, *Catalogue de
     l'œuvre de Moreau,* n° 253. Épr. du 1er état.
332. Encadrement rectangulaire, dont la partie supérieure est
     enveloppée de nuages au milieu desquels est le médaillon
     lauré du Dauphin Louis fils de Louis XV. Ce médaillon
     est soutenu par deux génies. D'autres génies forment une
     guirlande à droite du cadre et à gauche. Trois d'entre
     eux préparent la sculpture d'un buste du roi Louis XV au
     bas du cadre. — Gravure à l'eau-forte anonyme.
333. Encadrement dessiné par *Moreau le Jeune,* et gravé par
     Lempereur pour le Répertoire de Fontainebleau ; pré-
     cédemment décrit par Emmanuel Bocher, *Cat. de l'œuvre
     de Moreau,* n° 246, Épr. du 1er état.

334. Encadrement dessiné par *Moreau le Jeune,* et gravé par *Ponce* en 1770 pour le Répertoire de Fontainebleau, précédemment décrit par E. Bocher, *Cat. de l'œuvre de Moreau,* n° 236. Épr. du 5° état avec les indications typographiques.

335. Composition décorative formée de cartouches, d'ornements, d'arabesques et d'attributs de la Comédie italienne. Au centre, dans un portique une scène entre Polichinelle et Pantalon. — Dessin du xvii° siècle, lavé au bistre, dans le goût de *Jean Bérain.*

336. Scène de la Comédie italienne au xvi° siècle où paraissent six personnages dont voici les noms : Sucir, Gigogne, Francisquine, Le docteur Cornuto, Franfirlippe, etc. — Gravure anonyme du xvi° siècle éditée par *J. Liefrinck.*

337. Scène du théâtre français au commencement du xvii° siècle (1640 ?) où paraissent quatre personnages : Michau, Boniface, Alison et Philipin. Au bas trois quatrains. — *Huret inven, Rousselet fc. Mariette excu, avec privile.*

338. Personnage de la Comédie française nommé Gandolin. Au bas deux quatrains. — *J. Falck f. Le Blond le Jeune excud, avec privelege du Roy.*

339. Scène de la Comédie de l'Hôtel de Bourgogne, où paraissent quatre personnages : le capitaine Fracasse, Turlupin, Grosguillaume, Gaultier-Garguille. Chacun d'eux a un quatrain inscrit sur une tablette placée sur le rideau de fond. Au bas une légende concernant les trois principaux d'entre eux. — *P. Mariette excu.* Gravure au burin.

340. La même planche moins la légende du bas.

341. Planche satirique sur le mariage, où paraissent deux ânes portant, l'un : une mariée et deux vieilles femmes ; l'autre : un marié et deux hommes âgés. En arrière est un jeune homme jouant de la flûte et du tambourin. A deux lucarnes ouvertes dans la muraille du fond se montrent deux têtes de la Comédie, Turlupin et Grosguillaume. Au-dessous des têtes de ces derniers deux quatrains ; et quatre autres quatrains au bas de la planche, sous les pieds des ânes. — *Mariette excu. cu. pri°.* Gravure au burin anonyme.

342. Petite scène d'un ballet. Zerbino jouant de la Guitare et posant le pied sur les reins du Fracassa lequel joue du tambour de basque. — Gravure à l'eau-forte anonyme.

343. Scène satirique montrant deux personnages de la Comédie
appelant un âne chargé d'un tambour, d'un violon, et portant sous la queue une manière de canon. Deux hommes
le poursuivent par derrière. On lit sur un rideau disposé
en cartouche en haut de la planche, une légende de 6 vers
français. — Gravure anonyme classée à l'œuvre de
Abraham Bosse, par G. Duplessis, n° 1412.

344. « Teatre et boutique de l'orviétan et de ces serviteurs domes-
tiques... » Théâtre forain représentant un tréteau sur
lequel évoluent quatre personnages principaux : l'Orviétan,
l'Aveugle, Brigantin et Polichinelle. Devant le théâtre une
foule de seigneurs et de gens du peuple (Christophe Con-
tugi, de Rome, avait obtenu brevet de vendre de l'Orviétan
en 1649. Il y eut Gilles-le-Niais qui remplaça Tabarin au
Pont-Neuf, et qui avait un tréteau où il attirait les clients
en jouant des farces). — Gravure au burin anonyme.

345. Scène de pugilat entre plusieurs hommes dont l'un est ren-
versé à terre et dont les autres continuent la lutte. Cette
pièce qui ne touche en rien au théâtre est copiée dans le
même sens sur une grande estampe de *Villamena* montrant
le célèbre Bruttobono luttant. — Gravure au burin anonyme.

346. Marche des personnages de la Comédie italienne dans un
décor de paysage. On y remarque Francatrippa, Pantalon,
dame Gigogne, le Matamore, Francisquine, Zani Cornetto
et Arlequin. — Gravure anonyme italienne à l'eau forte.

347. Scène de comédie où l'on voit un Turlupin jouant de la Guitare et conduisant le branle d'un Briguelle dansant avec
une femme. — Gravure à l'eau-forte anonyme.

348. Scène de comédie où paraissent six personnages, dont deux
allégoriques. Les autres montrent un Pantalon, une Colombine, un capitan et un personnage en costume de Polonais.
— Dessin du xvii° siècle lavé au bistre.

349. Scène de comédie burlesque où se voient deux docteurs
s'apprêtant à soigner un malade. — *D. Marot fecit*. Dessin lavé à l'encre de Chine.

350. Scène du *Procès comique* où paraissent huit personnages de
la Comédie Française : Guillot Gorju, Jaquemin, Gandolin,
Jodelet, et quatre autres nommés l'Aveugle, le Boiteux,

le Chastré et le Bossu. — Gravure au burin, publiée chez *Guerignau* au XVII° siècle.

351. L'Hôtel de Bourgogne, à gauche Turlupin met la main dans la poche de son voisin Jacquemin Jadot ; à droite Gros-Guillaume qu'une femme caresse. A droite et à gauche du théâtre un Français et un Capitan. — *A Bosse inv. et fe. Le Blond. excud auec privilege du Roy.* Gravure au burin, précédemment décrite par G. Duplessis, catalogue de l'œuvre d'A. Bosse, n° 1268.

352. LE MATIN. A droite, en haut d'un perron le roi Louis XIII, coiffé d'un chapeau à plumes et tenant une canne. Derrière lui ses gardes, la reine et diverses personnes. Devant lui au bas du perron son fils aîné et sa gouvernante. — *A Paris, chez M. Van Lochom, graveur et imprimeur du Roy pour les tailles douces.* Gravure au burin.

353. LE SOIR. La salle de théâtre du Palais Royal avec ses lustres, ses galeries, la scène au fond. Sur le devant de la planche le roi Louis XIII, la reine, le dauphin, le duc d'Orléans, etc. (chez *M. Van Lochom*). — Gravure au burin[1].

354. Deux personnages de la Comédie Italienne : Franceschina et Gian Farina. *Gio Domenico de Rossi le Stampa in Roma.* — Eau-forte et burin.

355. Deux figures de personnages de la Comédie Italienne : Cap-Zorbino et Scapino *Gio Domenico de Rossi le Stampa in Roma.* — Eau-forte et burin.

356. Composition décorative avec les attributs de la Musique. Au centre une scène de l'opéra de *Thésée,* par Lulli (1675). — Dessin lavé à l'encre de Chine, d'après *François Chauveau.*

357. Composition décorative avec les attributs de la Musique. Au centre une scène du *Phaéton,* par Lulli (1685). — Dessin lavé à l'encre de Chine, d'après *Francois Chauveau.*

358. Composition décorative avec les attributs de la Musique. Au centre la figure d'un ballet du *Triomphe de l'Amour,*

---

1. On a dit à tort que cette scène était celle du Petit Bourbon. Il suffit pour se convaincre du contraire de la comparer à celle du *Ballet de Circé,* joué aux noces d'Anne de Joyeuse, et qui représente précisément la salle du Petit Bourbon (Cabinet des Estampes. Pd. 68).

par Lulli (1681). — Dessin lavé à l'encre de Chine, par
Chauveau? Depuis gravé par *Daniel Marot.*

359. Composition décorative avec des attributs de la Musique.
Au centre une scène de l'opéra d'*Atys,* par Lulli (1676). —
Dessin à l'encre de Chine, par *François Chauveau,* depuis
gravé par *Lalouette.*

360. Composition décorative avec des attributs de la Musique.
Au centre une scène du *Roland.* — Dessin à l'encre de
Chine d'après *Bérain.*

361. Composition décorative avec attributs de la Musique.
Au centre une scène de la *Marthésie* d'Oudart de la Motte.
— Dessin lavé à l'encre de Chine.

362. Composition décorative, au centre de laquelle est une scène
de *l'Amadis* de Lulli (1684). — Dessin à la plume lavé
au bistre.

363. Composition décorative, au centre de laquelle est une scène
d'opéra. — Dessin à la plume.

364. Scène d'opéra ou de ballet dans une salle très ornée dont
les voûtes s'appuient sur des cariatides. Sur le devant du
théâtre un jeune prince en costume antique est couché.
Derrière, sur des nuages, un vieillard et divers personnages. *Psyché* de Quinault, Molière et Lulli? — Dessin
à l'encre de Chine.

365. Scène de l'opéra de *Il pomo d'oro* représenté à l'occasion
du mariage de l'empereur Léopold I, sur le théâtre impé-
rial de Vienne en 1667. — *L. Burnacini in. Matteo Küsel f.*

366. Décor d'opéra représentant une salle soutenue par des cariatides, avec, au fond, un trône sur lequel est assis un
Neptune. — Dessin à l'encre de Chine.

367. Scène de l'opéra *Il pomo d'oro.* — *Lodovico Burnocini*
(sic) *in. Matteo Küsel S. C. M. Sculptor f.*

368. Scène d'opéra dans un décor représentant une salle d'apparat
dans laquelle sont rangés divers personnages. — Dessin
lavé à l'encre de Chine.

369. Scène de l'opéra *Il pomo d'oro.* — *L. Burnacini in. Mathœus
Küsel S. M. C. Sculp. f.*

370. Décor représentant un parc, avec au milieu un kiosque en
bosquet formé de guirlandes et de feuillage. — Dessin
lavé à l'encre de Chine.

371. Scène de l'opéra *Il pomo d'oro*. — *L. Burnocini (sic) in. Matteo Küsel S. M. C. Sculp. f.*

372. Décor représentant un portique au fond duquel apparaît un guerrier sur un char de triomphe. En avant une marche de soldats et de prisonniers turcs. — Dessin lavé à l'encre de Chine.

373. Scène de l'opéra *Il pomo d'oro*. — *L. Burnacini in. Mathæus Küsel f.*

374. Scène d'opéra dans un décor formant portique avec dais enguirlandé. Sous le dais une jeune femme couchée sur un lit de repos. *Psyché*, par Quinault, Molière et Lulli (1678). — Dessin lavé à l'encre de Chine. (Voir n° 364.)

375. Scène de l'opéra *Il pomo d'oro*. — *L. Burnacini in. Mathæus Küsel S. C. M. S. f.*

376. Décor représentant une salle voûtée dont les supports sont formés de statues en pied. — Dessin lavé à l'encre de Chine.

377. Scène de l'opéra *Il pomo d'oro*. — [*L. Burnacini et M. Küsel.*]

378. Décor représentant une allée de parc à la Française avec fontaine au fond. — Dessin lavé à l'encre de Chine.

379. Projet d'architecte pour une loge de gala. Deux motifs joints. — Dessin lavé à l'encre de Chine. *D. Marot?*

380. Décor représentant un camp dans un bois de palmiers. Dans le ciel une réunion de guerriers. — Dessin lavé à l'encre de Chine, par *Daniel Marot*.

381. Décor représentant un portique avec un perron au fond. — Dessin lavé à l'encre de Chine, par *Daniel Marot*.

382. Décor représentant l'intérieur d'un palais supporté par des colonnes formées de serpents enroulés. — Dessin lavé à l'encre de Chine.

383. Décor représentant l'intérieur d'un palais des sciences et des arts. — Dessin à la plume lavé à l'encre de Chine.

384. Décor représentant un jardin royal où paraissent quelques personnages costumés en guerriers. On lit au bas : *Giacomo Torelli da Fano inv.* Tiré de *Feste theatrali per la finita pazza, drama del signor Giulio Stozzi, rappresentate nel piccolo Borbone in Parigi quest' anno MDCXLV, et da Giacomo Torelli inventore.* — Gravure à l'eau-forte.

385. « Vue perspective de l'intérieur de la Salle de Spectacle de
     Vérone en Italie » A Paris, chez *Mondhare,* rue Saint-
     Jacques à l'Hôtel Saumur. — Grav. à l'eau-forte coloriée.

386. Scène d'opéra dans un décor de parc taillé à la Française.
     On lit en haut : « Académie royale de Musique » et en
     bas : « Le temple de la Paix » (opéra de Lulli 1685). —
     Gravure à l'eau-forte, par *Daniel Marot.*

387. Scène d'opéra dans un décor de palais. On lit au bas « le
     triomphe de l'amour. » — *Daniel Marot sculpt.*

388. Scène d'opéra dans un parc royal. On lit au bas : « Atys »
     (opéra de Lulli 1676) — *F. Chauveau del. Lalouette fecit.*

389. Scène d'opéra dans un décor de palais. On lit au bas-
     « Thesée » — *F. Chauveau fecit.*

390. Décor représentant un portique dans lequel paraissent
     divers acteurs d'opéra. — *Giocomo Torelli da Fano inv.
     N. Cochin.* Tiré des *Feste theatrali* (1645).

391. Décor représentant une rue de ville dans laquelle paraissent
     divers acteurs. — *Giacomo Torelli da Fano inv. N. Cochin
     fecit,* Tiré des *Feste theatrali* (1645).

392. « Départ des comédiens italiens en 1697. » — *A Watteau
     pinxit, L. Jacob sculp.*

393. « Comediens françois » — *A Watteau pinxit. Joannes Micael
     Liotard sculp.*

394. « Vue de l'avant-scène ou proscenium du théâtre de Taor-
     minum, rétabli et tel que l'on présume qu'il pouvoit estre
     d'après ce qui existe encore. » — *Composé par Pâris
     archit. du Roi. Gravée par Berthault.* Tiré du voyage
     pittoresque ou description des royaumes de Naples et de
     Sicile, 4e volume, p. 34. (Paris, 1785, in-folio).

395. Comédiens italiens. — *A. Watteau? N. Ransonnette 1769.*
     Ep. avant la lettre.

396. « Le Glorieux, acte IIIe, scène 3e. » — *N. Lancret pinxit.
     N. Dupuis sculpsit.* (Scène de la comédie de Néricault-
     Destouches, à quatre personnages.)

397. « Le philosophe marié, acte V, scène dernière. — *N. Lancret
     pinxit, C. Dupuis sculpsit* (scène de la comédie de Néri-
     cault-Destouches, à sept personnages).

398. [Le Charlatan]. — *Touzel del., Miger sculp.* Précédemment
     catalogué par Bellier de La Chavignerie (*Œuvre de Miger*),
     n° 39.

399. [Le conducteur d'ours]. — *Touzet del., Miger sculp.* Précédemment catalogué par Bellier de La Chavignerie (*Œuvre de Miger*), n° 40.

400. Scène de ballet au milieu d'un parc. — Dessin anonyme à l'aquarelle (1780 environ).

401. Scène de danse dans un parc. — Dessin anonyme à l'aquarelle (1780 environ).

402. « Tableau magique de Zémire et Azor ». — *J. L. Touzé del. Voyez le jeune sc.*

403. Scène du *Tome Jones* de Fielding joué par M^os Bérard, Laruette et Desglands, Mrs Cailleau et Clairval. — *Dessiné par Wille le fils, gravé par Ingouf.*

404. « Henry IV chez le Meunier, dernière scène de la *Partie de Chasse.* » — *J. M. Moreau le Jeune inv. J. G. Caquet sc.*

405. « Concert méchanique, inventé par R. Richard, exposé à la bibliotheq. du Roi, 1769. » — *Ch. Eisen delin. De Longueil sculp., 1769.*

406. Affiche gravée, représentant les divers tours d'un équilibriste. — Gravure sur bois anonyme xviiie s.

407. « Le fameux romain », affiche d'un faiseur de tours et prestidigitateur — [*Prévost inv.*].

408. « Foire de Venise ». — *Parocelle delinavit* (sic), *Ph. Le Bas sculp.*

409. Composition satirique montrant l'intérieur d'une tente de bateleurs où divers personnages s'exercent à marcher sur une corde (Allégorie contre la France et Jacques II, roi d'Angleterre, 1710 environ) — [*Romyn de Hooghe inv. et sculp.*]

410. « Le Charlatan françois ». — *Dessiné par Berlaux en 1776. Gravé par Helman en 1777.*

411. Géant [Cauzzi-Meschiny de Trente] exhibé en public. — Gravure à l'eau-forte anonyme.

412. « La Cour de la Bazoche assemblée pour juger le procez entre le chien du docteur Balouarde et un clerc du Chastelet nommé Griffonnet. » Scène burlesque jouée par Arlequin, le Docteur, Pillardin et Griffonnet. — [*Jean Bonnart fecit*].

413. Scène d'une tragédie où l'on voit une reine empêchée de porter une coupe à ses lèvres. Devant elle une femme

est assise que les assistants accusent d'avoir empoisonné
la coupe (Rodogune ?) — Dessin à la sépia [par *Jean Joseph
Taillasson* (1791).]

414. Décor représentant un intérieur de paysan, avec un escalier
praticable à gauche. — Dessin anonyme à l'aquarelle
(1820 ?)

415. Décor représentant l'intérieur d'un palais italien, avec des
ruines dans la cour principale. — Dessin à la plume
lavé. *Joseph Galli Bibiena inven. et delin.* (1730?).

416. Scène de l'Opéra *Il pomo d'oro.* — *Ludovico Burnacini
in. Matteo Küsel f.*

417. Scène de l'Opéra *Il pomo d'oro.* — *L. Burnacini in. Matteo
Küsel S. C. M. Sculp. f.*

418. Décor représentant l'intérieur d'une prison. — Dessin anonyme à l'aquarelle.

419. « Décoration du palais d'Armide. » — Dessin à la sépia par
[*Charles de Wailly*].

420. Autre décoration pour le même Opéra. — *De Wailly f.* 1779.

421. Scène de l'Opéra *Il pomo d'oro.* — *L. Burnacini in. Mathæus
Küsel f.*

422. Croquis d'un décor représentant l'intérieur d'un édifice, avec
les marches d'un grand escalier. — Dessin à la plume lavé.

423. Croquis d'un décor représentant un arc de triomphe. — Dessin à la plume lavé.

424. Croquis d'un décor représentant une longue galerie. — Croquis à la plume.

425. Croquis d'un décor représentant un intérieur de palais.
— Croquis à la plume.

426. Décor représentant l'escalier montant à l'entrée principale
d'un château. L'entrée est inspirée de celle de Chenonceau.
— Dessin lavé à l'encre de Chine.

427. « Casa da opera » Intérieur de la salle de Lisbonne, après le
tremblement de terre, en 1757. *Iac. Ph. Le Bas Sculp.* 1757.

428. « Salle de l'Opéra [Paris]. Plan du Rez-de-chaussée du
Parterre. » — *Moreau, architecte du roy et de la Ville
invenit. Sellier, sculp.* pour *Parallèle de plans des plus
belles salles de spectacle...* par Dumont.

429. « Salle de l'Opéra. Plan du théâtre et des premières loges »
— *Moreau, architecte du roy et de la ville invenit. Sellier, sculp.* (Idem).

430. « Coupe sur la largeur et élévation de l'avant-scène de la nouvelle salle de l'Opéra de Paris. » — *Moreau architecte du Roy et de la ville invenit. Sellier, sculp.* (Idem.)

431. « Salle de l'Opéra-Comique de la Foire Saint-Laurent » 1° coupe sur la longueur; 2° plan du 1er amphithéâtre et 1res loges; 3° plan du 2e amphithéâtre et 2es loges. Gravure au burin anonyme pour la *Suite des projets détaillés de salle de spectacle...* par *Dumont*.

432. « Couronnement de Voltaire, sur le théâtre françois, le 30 mars 1778, après la sixième représentation d'*Irène*. » (La salle représentée était la scène provisoire des Tuileries). — *Gravé par Ch. Gaucher... d'après le dessin de J.-M. Moreau... avec privilège du Roi, 1782.*

433. Intérieur d'une salle de spectacle (Théâtre français) — [*Meunier del., Née sculp.*] pour le *Voyage*, de Laborde, T. IV, pl. 98.

434. Intérieur d'une salle de spectacle au xviiie siècle pendant un entr'acte. — Dessin à l'aquarelle (de *Bully?*)

435. Intérieur de la salle de spectacle de Bordeaux vue de la scène. — *Gravé par Poulleau* d'après *Louis*.

436. Scène de l'Opéra *Il Pomo d'oro*. — *L. Burnacini, inv. Matteo Küsel f.*

437. Croquis de l'intérieur d'une salle de spectacle vue de la scène. — Dessin anonyme à la sépia (*De Wailly?*)

438. Vue intérieure du théâtre du Château, à Versailles, pendant une représentation de *Zémire et Azor*. — Croquis à la plume anonyme (1770?)

439. « Projet de salle de spectacle pour Fontainebleau. Coupe sur la largeur regardant la loge du Roy. A Fontainebleau, ce 16 mars 1778, *M. Potain*. »

440. Élévation sur la cour des Fontaines. A Fontainebleau, ce 16 mars 1778, *M. Potain*. »

441. « Projet de salle de spectacle pour Fontainebleau. Coupe sur la longueur de la salle et du théâtre. A Fontainebleau, ce 16 mars 1778. *M. Potain*. »

442. « Coupe sur la largeur regardant l'avant-scène. A Fontainebleau, ce 16 mars 1778. *M. Potain*. »

443. Théâtre de Fontainebleau projeté. Trois coupes des décorations intérieures. — Dessin à l'aquarelle [*M. Potain*].

444. Le théâtre français, le théâtre italien, et le palais de Justice vers 1780, à Paris. *Le Campion fil del. et sculp.*

445. « Interno del r. teatro de San Carlo in Napoli osservato del paleo scenico in occasione della grande festa di ballo nel carnavale dell'anno 1827. — *C. Deangelis Rom. dis. dal vero in lit. ed impr.*

446. Intérieur du foyer d'un théâtre royal. — Dessin anonyme à l'aquarelle.

447. Scène de ballet où une esclave danse devant un Turc. On lit au bas : Mahomet ! que mon esclave est belle ! » —Dessin lavé.

448. « Vue du Vauxal de la foire Saint-Germain. » — *A Paris, chez Le Rouge, rue des Grands-Augustins* 1772. (Au dessous se trouve le plan).

449. « Triomphe de Rameau » — Gravure à l'eau-forte anonyme.

450. Croquis de la coupe intérieure d'un théâtre (Théâtre français). — Dessin anonyme à la mine de plomb.

451. Façade du théâtre de la Liberté (Théâtre français). — Dessin anonyme à la mine de plomb.

452. « Salle des concerts Musard » — Lith. par *Leclerc.*

453. « Bal de l'Opéra. » — *A. Prévost del. et lith.*

454. « Bal masqué de la Renaissance » — Lith. à la plume par S. F.[orest]. Tiré du *Charivari.*

455. « Le Ranelagh » — Lithographie tirée du *Charivari.*

456. « Gros-Guillaume » on lit au bas un sixain sur cet acteur de l'Hôtel de Bourgogne. — *Huret inventor, Rousselet fecit. Mariette exc. Avec privilège du Roy.*

457. « Le Capitan Matamore ». On lit au bas un dixain sur cet acteur de l'hôtel de Bourgogne. — *Huret inventor. Rousselet fecit. Mariette excu. avec privilège.*

458. « Guillot Goriu. » On lit au bas un huitain sur cet acteur de l'Hôtel de Bourgogne.— *J. Falck f. A Paris chez Le Blond, rue St Jacques, à la Cloche d'argent. Avec privilege du Roy.*

459. « Guillot Goriu. » On lit au bas un sixain sur cet acteur. —[*Huret inventor. Couvay fecit. Mariette excu. Avec privilege du Roy.*]

460. « Polichinelle, Pantalon. » Au bas de chacun, un quatrain. — *Avec privilege. De l'Impression de Mariette, rue Saint Jacques, à l'Esperance.*

461. « Briguelle, Trivelin. » Au bas de chacun un quatrain. —
  Avec privilege. De l'Impression de Mariette, rüe St Iac-
  ques, à l'Espérance.

462. « Gautier Garguille. » (Au bas un quatrain.) — [*Huret inven-*
  tor. Rousselet fecit. Mariette excu. Avec privilege du
  Roy.]

463. « Gautier Garguille. » — La même planche avec le quatrain,
  mais les noms du dessinateur et du graveur ont été coupés.

464. « Turlupin. » Au bas un sixain. — *Huret inven. Rousselet*
  fecit. Mariette excu. Avec privilege du Roy.

465. « Jodelet. » Au bas un sixain. — *Huret inventor. Couvay*
  fecit. Mariette excu. Avec privilege.

466. « Jacquemin Jadot. » Au bas un huitain. — *Le Blond excud.*
  Avec Privilege du Roy.

467. « Scaramouche. » On lit au bas un quatrain. — *A Paris*
  chez Le Blond.

468. « Millot comédien. » (Costume de Don Juan.) — *Car. Dau-*
  phin deli. J. Jac. Tourneysen sc.

469. « Vieille ridicule. » — *Dolivar sculp. Le Pautre ex. Sous les*
  Charniers SS. Innocens. Avec privil. Épreuve coloriée.

470· « Dame Gigogne. » — *Se vend à Paris chez Jollain l'aîné,*
  rue S. Jacque, à la ville de Cologne.

471. « Dame Gigogne. » — *H. Bonnart ex., au Coq, rue S. Jacques,*
  près la fontaine St Severin. Avec privil.

472. « Dame Ragonde. » — *Se vend à Paris chez Berey, rue St*
  Jacques, à la princesse de Savoye. Avec privil.

473. « Dame Ragonde. » — *H. Bonnart, ex. rue St Jacques, au*
  Coq, près la fontaine St Severin. Avec privil.

474. « Arlequin. » — *Dolivar sculp. Le Pautre ex. Sous les Char-*
  niers SS. Innocens. Avec privil.

475. « Colombine. » On lit un quatrain au bas de la planche :

Colombine dans ses amours...

476. « Iodelet. » Au bas un quatrain sur cet acteur. — *Le Blond*
  excud. Avec privilege du Roy.

477. « Gille. » *Se vend à Paris chez Berey, rue St Jaques, à la*
  princesse de Savoye. Avec privilege.

478. « Crispin. » On lit au bas un sixain commençant par

Telle étoit de Poisson la mine et la posture...

— *Chez H. Bonnart, rue St Jacques, au Coq. Avec privil.*

479. « Crispin. » On lit au bas le quatrain

Crispin par cent bizarerie (*sic*)...

— *Se vend à Paris chez Jollain l'aîné, rue St Jacque, à la ville de Cologne.*

480. « Le Capitan Spezza ferre.

Spezza ferre est rude à l'Espade
Mais ce n'est qu'en rodomontade. »

— *Le Blond ex. Avec privilege.*

481. « Trivelin.

Trivelin d'amour courretier
Sert son maistre en plus d'un mestier. »

— *Le Blond ex. Avec privilege.*

482. « Le comedien Serieux.

Il peste en elegant discours
Contre l'amour et ses detours. »

— *Le Blond ex. Avec privilege.*

483. « Scaramouche.

Scaramouche est inimitable
Au theatre comme à la table. »

— *Le Blond ex. Avec privilege.*

484. « Le Signore Spacamonte. » — Gravure au burin anonyme.

485. « Gille le Niais. » — Gravure au burin anonyme.

486. « Joseph Tortoriti faisant le personnage de Scaramouche. »

— *A Paris chez J. Mariette, rue St Jacques, aux Colonnes d'Hercules. Avec priv. du Roy.*

487. « Habit crotesque de paysan dansant à l'Opera. »

— *Henry Bonnart, rue St Jacques, au Coq, près la fontaine St Severin. Avec privil.*

488. « Spezza ferre. » On lit au bas quatre vers sur ce rôle. — *Chez H. Bonnart, rue St Jacques. Avec privil.*

489. « Le Sabotier.

Le Sabotier dedans la dance
Observe si bién la cadence
Par ses postures et dans ses pas
Qu'il charme, tant il a d'appas. »

— F. Jollain excudit.

490. « Robin en habit de masque. » — *Se vend à Paris, chez Berey, rue St Jacques, à la princesse de Savoie. Avec privilege.*

491. « Gandolin. » — *Se vend à Paris chez Berey, rue St Jacques, à la princesse de Savoye. Avec privilege.*

492. « Pascareille. »

Chacun admire mes postures...

— F. Jollain excudit.

493. « Trufaldino de' Bentrufati. All' Illmo et ecc^mo sign^re Pron^t col^mo il sig^r principe Giovanni Zamoichi. » — *Stefano Scolari forma.*

494. « Evariste Gherardi faisant le personnage d'Arlequin. — *A Paris chez I. Mariette, rue S. Jacques, aux Colonnes d'Hercules.*

495. « Briguelle. »

Briguelle fourbe fait la figue
A tous les demesleurs d'intrigues.

— Le Blond ex. Avec privilege.

496. « Arlequin. »

Arlequin souple comme un chat
Dans son comique est délicat.

— G. Valck. ex.

497. Portrait d'un personnage en buste de 3/4 à droite, il porte une perruque, une robe de chambre et tient un masque à la main droite. On lit sur la bordure ovale : Harlequin. Joseph Dominique né à Boulogne en Italie. Décédé à Paris le 2 aoust 1688. Sur la planchette, un quatrain :

Bologne est ma patrie et Paris mon séjour,
J'y règne avec éclat sur la scène comique ;
Harlequin sous le masque y cache Dominique,
Qui réforme en riant et le peuple et la cour.

— Ferdinand pingebat. N. Habert sculpebat.

498. « Arlequin soupirant. » — *Gillot inv. Joullain sculp.*

499. « La Reveranse d'Arlequin. » — *Gillot inv. Joullain sculp.*

500. « Arlequin glouton. » — *Gillot inv. Joullain sculp.*

501. « Arlequin pleurant. » — *Gillot inv. Joullain sculp.*

502. « Portrait d'un acteur en pied, montrant un bas relief où est représentée la fable de Protée. Il porte un habit rayé et une large toque flottante. On lit au bas 6 vers signés de la Fontaine [Mezzetin]. — *F. de Troy pinxit. C. Vermeulen sculp.*

503. Portrait d'un acteur en pied de face, tenant un chapeau de la main droite et portant le costume traditionnel de Crispin. On lit au bas deux quatrains. — *J. Netscher pinx. A Paris chez J. Audran, graveur du Roy, aux Gobelins. G. Edelinck effigiem sculp. C. P. R.* (Précédemment catalogué par Robert Dumesnil, VII, 299. Épreuve du quatrième état.

504. « Le vray portrait de Damoiselle David, Subtille Bohemiene de Picardie, chevalière de l'Industrie, femme en secondes noces de deffunt le marquis d'Ambreville. » — *A. Leroux fe.*

505. « Le vray portrait de Charles Grossart soy disant marquis d'Ambreville. Au bas une légende plus longue qui renseigne sur ce personnage condamné à avoir la langue coupée. — *A. Leroux f.*

506. Monsieur Ballon danseur de l'Opera. — *H. Bonnart ex. au Coq, rue St Jacques près la fontaine St Severin. Avec privil.*

507. « Mr Balon dansant à l'Opera. » — *Se vend à Paris chez Trouvain, rue St Jacques, au grand monarque. Avec privilege du Roy.*

508. « Monsieur Balon. » — *I. Berin del. P. Le Pautre sculp. H. Bonnart ex. Rue St Jacques, au Coq. Avec privil.*

509. « Mademoiselle Dufort. » — *I. Berin del. P. Le Pautre sculp. H. Bonnart ex. Rue St Jacques, au Coq. Avec privil.*

510. « Danseur de l'Opera en habit de paysan. » — *Se vend à Paris chez Berey, graveur, rue St Jacques, à la princesse de Savoye. Avec privil.*

511. « Danseur de l'Opera en paysan faisant la piroüette. » — *H. Bonnart ex. rue St Jacques, au Coq, près la fontaine S. Severin. Avec privil.*

512. « Mademoiselle Maupin, actrice de l'Opera dansant en habit de printemps. » — *A Paris chez Berey, rue St Jâque, à la princesse de Savoye. Avec privilege.*

513. « Mademoiselle Maupin de l'Opera. » — *Se vend à Paris chez Trouvain, rue St Jacques, au grand monarque. Avec privilege du Roy.*

514. Mademoiselle Des Mastins, actrice qui chante et danse à l'Opera. — *H. Bonnart ex. rue St Jacques, au Coq, près la fontaine S. Severin. Avec privil.*

515. Mademoiselle des Mastins dansant à l'Opera. » — *A Paris chez J. Mariette, rue St Jacques, aux Colonnes d'Hercules.*

516. « Mademoiselle Desmatins musicienne de l'Opera. » — *Se vend à Paris chez Berey, graveur, rue St Jacques, à la princesse de Savoye. Avec privilege.*

517. « Mademoiselle des Chars dansant à l'Opera. » — *Se vend à Paris chez Trouvain, rue St Jacques, au grand monarque, Avec privilege du Roy.*

518. « Mademoiselle de Subligny danseuse de l'Opera. » — *H. Bonnart, ex. au Coq, rue St Jacques, près la fontaine St Severin. Avec privil.*

519. Mademoiselle du Fort dansant à l'Opera. » — *Se vend à Paris chez Trouvain, rue St Jacques, au grand monarque. Avec privilege du Roy.*

520. « Mademoiselle du Fort dansant à l'Opera. » — *Se vend à Paris chez Trouvain, rue Saint-Jacques, au grand monarque, avec privilege du Roy.*

521. « Actrice de l'Opera. » — *A Paris chez J. Mariette, rue St Jacques, aux Colonnes d'Hercule.*

522. Actrice de l'Opera. — *A Paris chez J. Mariette, aux Colonnes d'Hercules. Avec privilege du Roi.*

523. « Espagnolette dansant et jouant des castagnettes. » — *Se vend à Paris chez Berey, graveur, rue St Jacques, à la princesse de Savoye. Avec privilege.*

524. « Danseuse de l'opera jouant du tambour de basque. » — *Se vend à Paris chez Berey, rue St Jacques, à la princesse de Savoye.*

525. Habit de paysanne. — *J. Berin del. Jacques Le Pautre fecit. Le Pautre exc. Sous les Charniers St Innocent. Avec privil.*

526. Scène de la comédie italienne vers 1730, où apparaissent les acteurs Suin et Gosse. — Croquis à la sanguine.

527. Scène de la comédie italienne vers 1730, où l'acteur Alborgheti dit Veronese est représenté jouant du violon devant des enfants. — Croquis à la sanguine.

528. Scène de la comédie italienne vers 1730 où apparaissent l'acteur Touvois et Mlle Bacelli ingénue. — Croquis à la sanguine.

529. Portrait en pied d'une actrice de la comédie italienne, Mlle Nielli, vers 1720. — Croquis à la sanguine.

530. Portrait en pied d'une actrice de la comédie italienne, Mlle Dehesse (rôle des Camille), dansant et jouant du tambour de basque (1730). — Croquis à la sanguine.

531. Portrait en pied d'une actrice en bergère, dansant un pas. Mlle Lefèvre l'aînée (1730). — Croquis à la sanguine.

532. Portrait d'une actrice en pied, Mlle Trial. — Croquis à la sanguine.

533. Portrait d'un acteur en pied. D'Alinville du théâtre français en 1770. — Croquis à la sanguine.

534. Portrait d'une actrice de la comédie italienne, Mlle Lescaut. — Croquis à la sanguine.

535. Portrait en pied d'un acteur de la comédie italienne, Alborgheti dit Veronese, en costume de soldat. — Croquis à la sanguine.

536. Scène de la comédie italienne où apparaissent Mlle Berville et Dessaux. — Croquis à la sanguine.

537. Scène de la comédie italienne où apparaissent Mlle Desglands, soubrette, et Marignan. — Croquis à la sanguine.

538. Portrait d'une actrice le visage incliné de 3/4 à droite. Elle tient une urne contre sa poitrine. On lit sur la bordure Adrienne Lecouvreur, morte à Paris le 20 mars 1710 agé (*sic*) de trente-sept ans. — *Peint par Ch. Coypel. Gravé par P. Drevet.* Sur la planchette un quatrain. Précédemment catalogué par M. Didot, *Les Drevet*, p. 107, n° 24 de l'œuvre de Pierre Imbert Drevet. Épreuve du 3° état.)

539. Portrait d'une actrice le visage tourné de 3/4 à droite ; elle a les bras étendus, et un amour la couronne d'étoiles. — *N. de Largillière pinx. L. Desplaces Sculp.* 1714 (original au Musée Condé à Chantilly.) On lit au bas douze vers d'Houdart de la Motte commençant par :

Qui mieux que toy Duclos actrice inimitable
De ton art connoist les beautés...

540. Portrait d'une actrice tournée de trois quarts à droite et tenant un masque et un poignard. On lit sur la bordure Charlotte Desmares. — Au bas : *CC. (Charles Coypel ?) Lépicié Sculp. 1755.* Un quatrain commençant par :

Touchante dans les pleûrs, piquante dans les ris

Et au dessous : *A Paris chez L. Surugue, graveur du roy, rue des Noyers, entre les deux premiere portes cocherres vis à vis le mur de St Yves. Avec privilège du Roy.*

541. Portrait d'une actrice assise dans un parterre, la tête tournée à droite. On lit au bas : Mlle Pelissier. — *H. Droüais peinx. Gravé par J. Daullé,* et un quatrain

Par un art delicat, par un jeu patetique...

Se vend à Paris chez Basan, graveur, rue du Foin, avec privilege du Roy.

542. Portrait d'une actrice dans le costume de Didon. — On lit sur la bordure : *Catherine de Seine épouse du Sr Dufresne. Peint par Aved. Gravé par Lepicié.* Un quatrain commençant par :

L'art ne vous prête point sa frivole imposture...

543. Portrait d'une actrice dansant. — Gravure à l'eau-forte signée *J. C. Journet.* Une indication manuscrite porte que c'est le portrait de Françoise Journet de Lyon. (Voir cabinet des Estampes N 2. AURETTI.)

544. Portrait d'un homme en buste et tourné de 3/4 à gauche. On lit au bas : Louis Pecour pensionnaire du Roy, compositeur des balets de l'academie royalle de musique et maître à danser de Mad° la duchesse de Bourgogne. — *Peint par R. Tourniere. Gravé par F. Chereau. A Paris, chez la Ve de F. Chereau graveur du Roi, rüe St Jacques, aux deux pillier d'or, avec privilege du Roi.*

545. Portrait de femme représentée de face. On lit au dessous un quatrain commencant par :

Du jeu de Sylvia la naïve eloquence...

— Peint par Latour. Gravé par Surugue le fils. A Paris, chez Surugue graveur du Roi, rue des Noyers, vis à vis

St Yves. En 1755. Avec privilege du Roy. (Portrait dé Silvia Baletti, actrice du théatre italien et belle-mère de l'architecte Blondel.)

546. Portrait d'un comédien dans un encadrement. Au dessous du portrait une scène de *l'Orphelin de la Chine.* On lit au bas : Henry Louis Le Kain comedien ordinaire du Roy, a debuté par le rosle de Titus dans Brutus le 14 septembre 1750, et a été reçu le 24 février 1752. — *Dessiné par J. G. Huquier fils. Gravé par J. B. Michel. A Paris, chez Petit, rue du petit Pont, à l'image N. Dame.*

547. Portrait d'actrice de face. On lit sur la bordure : Marie Dumesnil de la comédie françoise reçu (*sic*) en 1737. Sur la planchette deux vers tirés d'Athalie. — *A Paris, chez Elluin, rue St Jacques, vis à vis celle des Mathurins.* [*Le Clerc del. Elluin sculp.*]

548. Portrait d'actrice de 3/4 à droite. On lit sur la bordure : Rosalie Duplant de l'academie roiale de musique reçu (*sic*) en 1762. Sur la planchette, deux vers tirés de *Pyrame et Thisbé.* — *Le Clerc del. Elluin sculp. A Paris, chez l'auteur, rue St Jacques, vis à vis celle des Mathurins.*

549. Portrait d'acteur représenté de 3/4 à gauche dans une bordure ovale. Il porte une toque à plumes. On lit sur la bordure : Henri Louis Le Kain, comedien ordinaire du Roi, reçu en 1752. Sur la planchette deux vers tirés de *l'Orphelin de la Chine.* — *J. Berteaux del. Elluin sculp. A Paris, chez l'auteur, rue St Jacques, vis à vis celle des Mathurins.*

550. Portrait de 3/4 à droite. On lit dans la bordure : Joseph Le Gros de l'académie roiale de musique. Reçu en 1764. Sur la planchette deux vers tirés d'*Erosine.* — *Le Clerc del. Macret sculp. A Paris, chez Elluin, rue St Jacques, vis à vis celle des Mathurins.*

551. Portrait d'un acteur représenté en costume mahométan, devant un tombeau. On lit au bas : Jean-Baptiste Brizard pensionnaire du Roi, né à Orléans au mois d'avril 1721, a débuté en 1757 et a été reçu en 1758. (Costume de Narbas dans *Mérope*). — *Dessiné par L. C. de Carmontelle. A Paris, chez Delafosse, rue du Vieux Colombier, près le Séminaire de St Sulpice.*

552. Portrait d'acteur représenté jusqu'aux genoux, assis dans une grotte. On lit au bas : M. Brizard. — Peint par Mme *Guiard*, de l'Académie royale de peinture et sculpture. *Gravé par J. J. Avril.* Ce tableau appartient à Mme la comtesse d'Angiviller. *A Paris, chez Avril le jeune graveur, sur tous métaux, pont S. Michel.*

553. Composition allégorique où l'on voit une actrice couronnée par Melpomène. Au bas quatre vers de Garrick :

> J'ai prédit que Clairon illustreroit la scene
> Et mon espoir n'a point été deçu,
> Elle a couronné Melpomène,
> Melpomène lui rend ce qu'elle en a reçu.

— H. Gravelot inv, N. Le Mire sculp. A Paris, chez Le Mire, rue Pavée St André des Arts.

554. Portrait d'actrice de 3/4 à droite dans une bordure environnée d'animaux fantastiques. Au dessous une scène de la *Medée* de Longepierre. On lit au bas : Hippolyte de la Tude Clairon, comédienne francoise, pensionnaire du Roi, a debuté le 19 septembre 1743 par le role de Phedre dans la pièce de Racine du même nom; reçu le 22 octobre suivant. *— Pougin de S. Aubin pinx. J. B. Michel sculp., A Paris chez Petit, rue du Petit pont, à l'image N. D.*

555. Composition où l'on voit une princesse emportée dans un char sur les nuages. A ses pieds un guerrier s'apprête à la percer de son épée. On lit au bas : Hippolyte de La Tude Clairon. Vme acte de *Medée.* — *Peint par Carle Vanloo. Gravé par J. Helie Haid.* Manière noire.

556. Portrait d'un acteur en costume de paysan. On lit au bas un huitain commençant par ce vers :

> Sous les traits de Chanville admirés ce sorcier,
> Mille talens heureux sont toute sa magie...

— Peint par de Lorme peintre (sic) *de S. A. S. Mgr le duc d'Orléans. De Lorraine sculp. Se vend chés de Lorraine, rue du Fouard, chés un papetier et chés Buldet, rue de Gevres, au grand cœur.*

557. Portrait d'une actrice en paysanne. On lit au bas un huitain finissant par ce vers qui la nomme :

> Vous voïez son portrait sous les traits de Favart.

> — *Peint par C. Vanloo. Gravé par J. Daullé, gr. du Roi, 1754. Se vend chez Daullé, g* du Roi, rue du Platre S* Jacques, dans la maison neuve à côté du college.*

558. Portrait d'actrice en buste de face dans une bordure ovale entourée des attributs de la Comédie. Au dessous une scène des *Mœurs du Temps*. On lit au bas : Marie Anne Botot Dangeville, comedienne françoise, a debuté au mois de Janvier 1730 dans le role de Lisette de la Comédie du *Médisant*, agé de 14 ans, a été reçue le 6 mars 1730... — *Pougin de S. Aubin pinx. J. B. Michel sculp. A Paris, chez Petit, rue du Petit Pont, à l'image N. D.*

559. Portrait d'un comédien en habit de Crispin. Il est de 3/4 à droite dans une bordure ovale. Au bas une scène des *Folies Amoureuses*. On lit au dessous : Pierre Louis Dubus de Préville, comedien françois. Il a débuté le 20 septembre 1753 par Crispin du *Legataire*, et a été reçu et pensionné du Roi à Fontainebleau le 20 octobre suivant, avant la fin de son début. — *Joan. Bap. Michel fecit, 1767. A Paris, chez Petit, rue du Petit pont, à l'image N. D.*

560. Portrait d'un comédien en buste dans une bordure ovale. Au bas une scène du *Malade imaginaire*. On lit au dessous : Jean Jacques Gimat de Bonneval, comedien ordinaire du Roy, a debuté par le rosle d'Orgon dans la Comedie du *Tartuffe*, le 9 juillet 1741. Et a été reçu le 30 Decembre de la même année. — *Dessiné par J. G. Huquier fils. Gravé par J. B. Michel. A Paris, chés Petit, rue du Petit pont, à l'image N. D. Baisiez scripsit.*

561. Portrait d'une actrice représentée jusqu'aux genoux. Elle porte la main droite à son front. On lit au bas, de chaque côté des armes de Prusse : Esther Charlotte Brandes geb. Kock, in der rolle Ariadne auf Naxos... — *Graf gemalt, Gestochen von H* Sintzenich, churpfalz Hafkupferstecher* (1781).

562. Portrait d'actrice représentee de trois quarts à droite dans une bordure ovale, au milieu des attributs de la Musique. On lit sur une banderolle : H* A* Beaumesnil de l'Acad* R* de Musique. Pensionnaire du Roi. Sur la planchette 'un quatrain sur elle. — *Pujos ad vivum. Vidal sculp. A Paris, chez Vidal, rue des Noyers, n° 29.*

563. Portrait d'acteur en buste. On lit au bas : Baptiste, artiste du théâtre de la République. — *Berteaux pinx. Vilrey sculp. A Paris, rue du theatre Français, n° 4.*

564. Portrait d'un acteur dans un médaillon. On lit sur la planchette : Joseph Caillot, né à Paris... — *Peint par Voiriot, peintre du Roy. Gravé par Miger. A Paris, chez Bligny, cour du Manege aux Thuilleries. Se vend presentement à Paris chez Esnauts et Rapilly, rue S₁ Jacques, à la ville de Coutances.*

565. Portrait d'un acteur dans un rôle. On lit au bas : Jeanot dans les *Battus payent l'amende (Variétés amusantes).* — *P. A. Wille fils del., Weisbrod sculp. A Paris, chez Wille fils, rue des Fossées* (sic) *S₁ Germain des Prez, cour du Commerce.*

566. Portrait d'une actrice en buste. Au bas une scène de *Mithridate.* De chaque côté de cette vignette on lit dans des cartouches formés de couronnes : Fⁿᵒ A. M. de Raucour née à Paris le 3 mars 1756. Débute à la comedie française le 23 décembre 1772. Reçue le 23 mars 1773. — *J. H. E. inv. Freudeberg effigiem. P. M. Moreau ornamenta delint. Car. L. Lingée Sculp.*

567. Portrait d'une actrice dans un rôle de Médée. On lit sur la planchette : F. Raucour de la comédie française. Dans *Medée.* (Plus un quatrain par P. Dusausoir). — *Dessiné d'après nature et gravé par C. N. Malapeau. A Paris, chez le Cⁿ Egron, imprimeur libraire, successeur de la Cⁿᵒ Valade ; maison de l'Auteur rue des Noyers n° 24 et chez le Cⁿ Valade fils, imprimeur, rue J. J. Rousseau n° 551. Déposé à la Bibliothèque nat₁ᵒ an VII.*

568. Portrait d'une actrice en buste. On lit au bas : Mˡˡᵉ Raucourt d'après le portrait peint par Mʳ *Gros* en 1796. — *Gravé par Ruotte. Déposé à la direction de l'Imprimerie et de la Librairie.*

569. Portrait d'une dame en costume de 1820 environ, tournée à droite et les mains appuyées au dos d'une chaise. — Dessin au crayon. (Mˡˡᵉ Mars est représentée dans son rôle de Betty, le dessin est inspiré de celui de *E. C. Renaud* gravé par *Lecomte.*)

570. Portrait d'actrice en pied. On lit au bas : Mˡˡᵉ Mars, role d'Elmire dans le *Tartuffe...* — *A Paris, chez Charon, rue*

S *Jean de Beauvais*, n° 26. (Une note manuscrite porte cette mention : Ce portrait est tout à fait introuvable au Commerce; il y a fort peu d'amateurs même qui en possède (sic) copie — Aquatinte.

571. Portrait d'actrice tournée de 3/4 à droite. On lit au bas : Gravé d'après le portrait original et dédié à Mlle Mars par *Frédéric Lignon. — A Paris, chez l'auteur, quai aux fleurs, n° 7. F. Gerard pinxit. Imprimé par Durand. Déposé à la Direction 1814.*

572. Portrait d'actrice de trois quarts à gauche. Épreuve avant toutes lettres. On lit dans les épreuves terminées : Mlle Mars dans Betty. — *Dessiné par E. C. Renaud. Terminé par Lecomte. A Paris, chez Ledoyen, m^d d'Estampes, rue St Jacques, n° 21.*

573. Portrait d'un acteur en pied. — On lit au bas :

Sans adieu!
Je vais au Luxembourg me promener un peu.

St Phal dans *Le Vieux Célibataire* 1814. — Dessin à la mine de plomb (*Duplessi-Bertaux?*).

574. Scène de comédie où l'on voit deux acteurs, dont l'un est à genoux, l'autre debout. On lit au bas :
« Dieu tout puissant reçois ici les actions de grace d'un vieillard que tu proteges sans cesse, et de cet orphelin dont tu m'as fait le second père » St Fal et Mlle Mars dans l'*Abbé de l'Épée* 1812. — Dessin à la mine de plomb. (*Duplessi-Bertaux?*)

575. Scène de Tragédie où l'on voit une princesse défendant une jeune fille en la couvrant de son corps. On lit au bas : Mlle George. Mlle Bourgoin... *Iphigénie en Aulide*, acte 4me. Dédié à Sa Majesté Alexandre Ier, Empereur et autocrate de toutes les Russies, par son très humble et très obeissant serviteur Fr. Dubois. — *Dessiné par J. Fréd. du Bois. Gravé par Fçois Vendramini.*

576. Portrait de femme représentée de face. On lit au bas : Gravé d'après le tableau original dédié à Mlle Bourgoin, artiste sociétaire du Théâtre françois, pensionnaire du Roi. Par Bertonnier. — *Peint par Sicardi. Dessiné et gravé par Bertonnier.* Déposé au bureau des Estampes. *A Paris, chez*

*Benard, marchand d'Estampes de la Bibliothèque royale,
boulevard des Italiens, n° 11.*

577. La même planche avant la lettre, mais avec le nom du
peintre et celui du graveur.

578. Portrait d'actrice en costume de paysanne, représentée de 3/4
à gauche. On lit au bas : Mme Saint-Aubin dans *Ambroise
ou Voilà ma journée. — Gravé par P. Audouin, de l'Académie des Arts de Vienne et graveur de S. A. I. et R.
madame mère. Déposé à la Direction de la Librairie. A
Paris, chez l'auteur, rue du Mont-Blanc, n° 16. Écrit par
Sampier. Imprimé par Durand.*

579. Portrait d'actrice en costume de théâtre. On lit au bas :
Mme Boulanger, sociétaire du théâtre royal de l'Opéra
Comique, dans Aline reine de Golconde. — *Peint d'après
nature par G. Bourget. Gravé par Berlonnier et P.
Audouin.* Déposé à la Direction. *A Paris, chez P. Audouin,
rue de la Michodière, n° 20.*

580. Portrait d'homme à mi-corps tourné à droite. On lit au bas :
Armand, comédien sociétaire du théâtre français.—*H. Gre-
vedon, 1829* (lithographie). *A Paris, chez Delaunay, pas-
sage Choiseul, n° . Lithographie de Lemercier, rue du
Four S. G., n° 55* (On lit une dédicace à la plume : Le plus
sincère des nombreux admirateurs du beau talent de
Déjazet. Armand, 25 mai 1844.)

581. Portrait d'un acteur en costume de chasse du XVIIe siècle.
— Mine de plomb signée *A. Lacauchie.* On lit au bas : Lau-
rent, rôle de Mousqueton dans les *Mousquetaires.* Théâtre
de la porte St. Martin.

582. Portrait d'homme tourné de profil. On lit au bas : Nicolas
Brazier. — Lithographie tirée du *Monde dramatique* (On lit
une dédicace à la plume :

> Et les auteurs avec toi Virginie (Déjazet)
> N'auront besoin d'être de grand sorciers (Brazier.)

583. Scène de comédie ou apparaissent deux acteurs. —On lit au
bas : Potier et Bosquier Gannedan. Variétés *Les Blouses.*
— Dessin à l'aquarelle.

584. Portrait d'homme en buste de profil à droite. On lit au bas :
Dazincourt, Comédie française. — Dessin à la mine de
plomb.

585. Portrait d'homme en pied. On lit au bas : Bouffé, Gymnase dramatique. — *Vigneron, 1839, chez Gihaut fils, boul. des Italiens, 5. Lith. de Thierry frères.* (On lit une dédicace à la plume : Bouffé à sa délicieuse camarade Déjazet, novembre 1840.)

586. Portrait en pied d'une actrice en costume. On lit au bas : *Eustache Lorsay, 1847.* Aline Duval. Palais Royal. Signé : A. Duval. — Dessin à la mine de plomb.

587. Portrait d'homme assis, tourné de 3/4 à droite. On lit au bas : Bayard. — *M. Alophe, 25 chez Aubert, galerie, Vero-Dodat. Imp. Aubert et Cie* (On lit une dédicace à la plume : Et on n'aimerait pas cette fille là ! la crème des femmes de son sexe ! Frét[illon] Bayard.)

588. Portrait d'homme vu de face et assis. On lit au bas : Achard. — *M. Alophe chez Aubert, gal. Vero-Dodat. Imp. d'Aubert et Cie.* (On lit cette dédicace à la plume : A mon amie Déjazet, F. Achard. Et au crayon : A mon amie Déjazet, F. Achard.) Tiré de la *Galerie de la Presse, de la Littérature et des Beaux-Arts.*

589. Portrait d'un personnage de 3/4 à droite. — Dessin à la mine de plomb signé *Ch. Geoffroy.* On lit au bas : Bouffé.

590. Portrait d'homme en pied tourné de profil. On lit au bas : Lepeintre jeune. Vaudeville. — Dessin au crayon signé *Eustache Lorsay, 1846.*

591. Portrait d'homme de 3/4 à gauche. — Lithographie signée : *Ch. Chasselat.* On lit au bas une dédicace autographe en vers à Virginie Déjazet :

> A ma charmante fée annonçant dès l'enfance
> Grâce, esprit, finesse, enjouement
> Et devenue en ce moment
> Un des premiers talents de France.   Bouilly.

Epr. avant lettre.

592. Portrait d'homme de 3/4 à droite. On lit au bas au crayon : Opéra comique. Chenard. — Dessin à l'estompe.

593. Portrait d'homme de 3/4 à droite. On lit au bas : Lepeintre aîné. — *Chez Aubert, gal. Vero-Dodat. Imp. d'Aubert et Cie.* On lit au bas une dédicace autographe à la plume et en vers :

Ce portrait est pour toi, va vite le cacher,
Ma bonne Déjazet, dans ta chambre à coucher.
En rentrant chaque soir, d'un œil fin, vif et leste
Dis : Bonsoir viel ami! Dors!... et rêve le reste...

Le Peintre aîné..

Tiré de la *Galerie de la Presse, de la Littérature et des Beaux-Arts.*

594. Portrait d'homme de 3/4 à droite. On lit au bas : Levassor — *Chez Aubert, gal. Vero-Dodat. Imp. d'Aubert et Cie.* Lith. signée *M. Alophe.* (On lit une dédicace à la plume : A ma bonne camarade et amie Déjazet. Levassor). Tiré de la *Galerie de la Presse, de la Littérature et des Beaux-Arts.*

595. Portrait d'homme assis, la tête tournée à droite. On lit au bas : Bardou. *Imp. d'Aubert et Cie.* (On lit une dédicace à la plume : A la délicieuse comédienne, à l'excellente camarade Virginie Déjazet. E. Bardou, 1839).

596. Portrait d'homme en buste tourné de 3/4 à droite. On lit au bas : Dumanoir — *28, chez Aubert, gal. Vero-Dodat. Imp. d'Aubert et Cie.* — Lithographie signée *M. Alophe.* (On lit ce quatrain de la main de Dumanoir :

Donc, devinez pourquoi je demande ma place,
Dans ce discret boudoir qu'assiègent les amours?
C'est que l'œil d'un portrait effronté, plein d'audace
Ne se ferme jamais et regarde toujours.   L. D.)

Tiré de la *Galerie de la Presse...*

597. Portrait d'homme tourné à gauche. On lit au bas : Paul de Kock. 14 — *Chez Aubert Gal. Vero dodat. Imp. Aubert et Cie.* (On lit un quatrain à la plume :

A Mademoiselle Déjazet.

Vous dont le jeu si vrai charme toujours la foule,
Ma plume trace ici pour vous ces mots ad hoc :
Si vous aviez été ma poule
Pour vous elle eût été...

De Kock.)

Tiré de la *Galerie de la Presse...*

598. Portrait d'homme tourné à gauche. — Lith. avant la lettre, signée *M. Alophe.* (On lit cette dédicace à la plume :